PUPPEN THEATER SAMM LUNG

Liebe Leserinnen und Leser, liebes Publikum,

es ist vollbracht! Die Erleichterung ist groß, denn es ist keine kleine Sache, wenn eine Sammlung mit über 100 000 völlig unterschiedlichen Objekten rund um das Thema Puppentheater umzieht. Außerdem hatte dieser Umzug auch noch einen besonders langwierigen Vorlauf: Bis nämlich im Dezember 2017 endlich ein Mietvertrag unterzeichnet werden konnte, vergingen viele Jahren mit der Suche nach einem neuen dauerhaften Standort für die Puppentheatersammlung. Dieser wurde im Kraftwerk Mitte gefunden, einem Areal in der Dresdener Altstadt, auf dem seit etwa zehn Jahren ein lebendiger Ort mit vielfältigen Kulturangeboten entsteht. Das Unternehmen SachsenEnergie (vormals DREWAG) ist Bauträger und Vermieter der Räumlichkeiten. Wo einst Heizkessel, Transformatoren, Schaltkästen und Kräne standen und für einen langen Zeitraum Baugerüste die Industriearchitektur verhüllten, empfängt ab September 2024 nun auch die Puppentheatersammlung

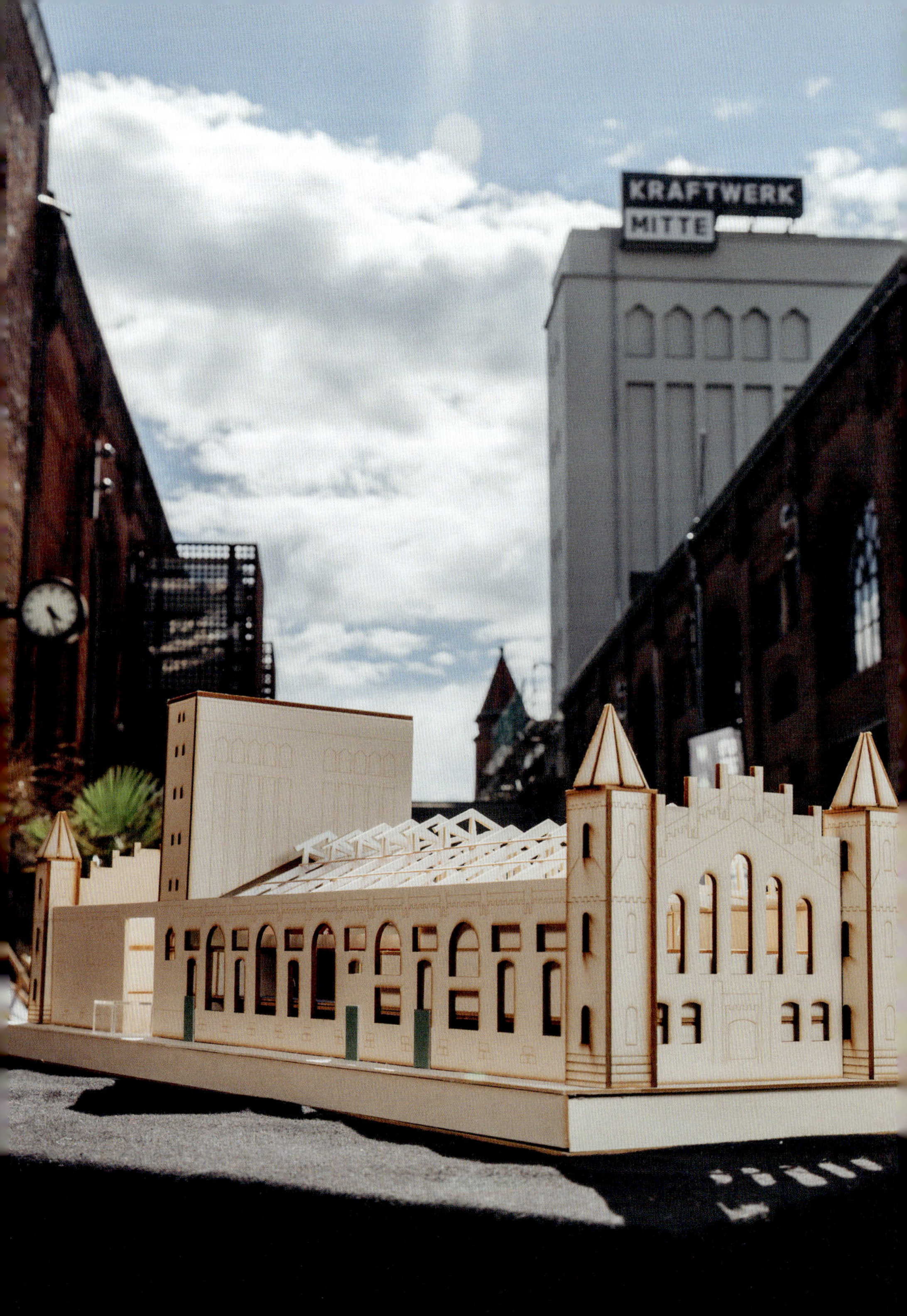
KRAFTWERK
MITTE

der Staatlichen Kunstsammlungen Dresden ihre Gäste. Unter einem Dach befinden sich dann eigene Ausstellungs-, Depot- und Arbeitsräume. Damit findet die Sammlung den Weg zurück in die Öffentlichkeit. Die ganze Fülle und Bandbreite an dreidimensionalen Objekten, deren Alter bis ins 18. Jahrhundert zurückgeht, wird auf großzügigen Flächen ausgestellt und in angemessenen Depots für die Zukunft bewahrt. Das umfangreiche Archiv sowie die Bibliothek werden der Forschung, Kunstinteressierten und Kunstschaffenden für Recherchen zur Verfügung stehen.

Dadurch eröffnen sich für die Puppentheatersammlung ganz neue Perspektiven, die in dieser von den Freunden der Puppentheatersammlung Dresden e. V. finanziell unterstützten Ausgabe der »Dresdener Kunstblätter« vorgestellt werden. Zudem erhalten die Leser*innen Einblicke in die Historie und die Heterogenität, in die Arbeitsbereiche und die Ausstellungskonzeption der Sammlung. Präsentiert und inhaltlich näher erläutert werden auch die neue Basis- sowie die erste Jahresausstellung. Der Frage nach dem Entstehen und Wachsen einer Sammlung wird im Beitrag über die 70-jährige Sammlungsgeschichte in gebotener Kürze nachgegangen. Neben Texten zu einzelnen Objekten und Werkgruppen finden Sie Exkurse zur Geschichte des Puppentheaters und der Sammlung sowie Gedanken über die Herausforderung, einst »lebendige« Objekte museal auszustellen. Aktuelle und ehemalige Mitarbeiter*innen der Puppentheatersammlung befassen sich sowohl mit bekannten als auch weniger bekannten Stücken. Einige dieser Figuren werden am neuen Standort erstmals für die Öffentlichkeit zu sehen sein. Untrennbar verbunden mit der Objektpräsentation ist die Frage nach der Puppengestaltung und dem Puppenspiel. Davon berichten Markus Joss und Christian Werdin, die der Sammlung eng verbunden sind. Eine Bildstrecke des Weges vom letzten Standort in der Garnisonkirche in das neue Gebäude im Kraftwerk Mitte rundet diese Ausgabe ab.

Seien Sie herzlich eingeladen, die »neue« Dresdener Puppentheatersammlung zu erkunden.

Kathi Loch, Alexandra Löser
und Ihre Redaktion

Modell des Kraftwerks
Mitte · Juni 2024

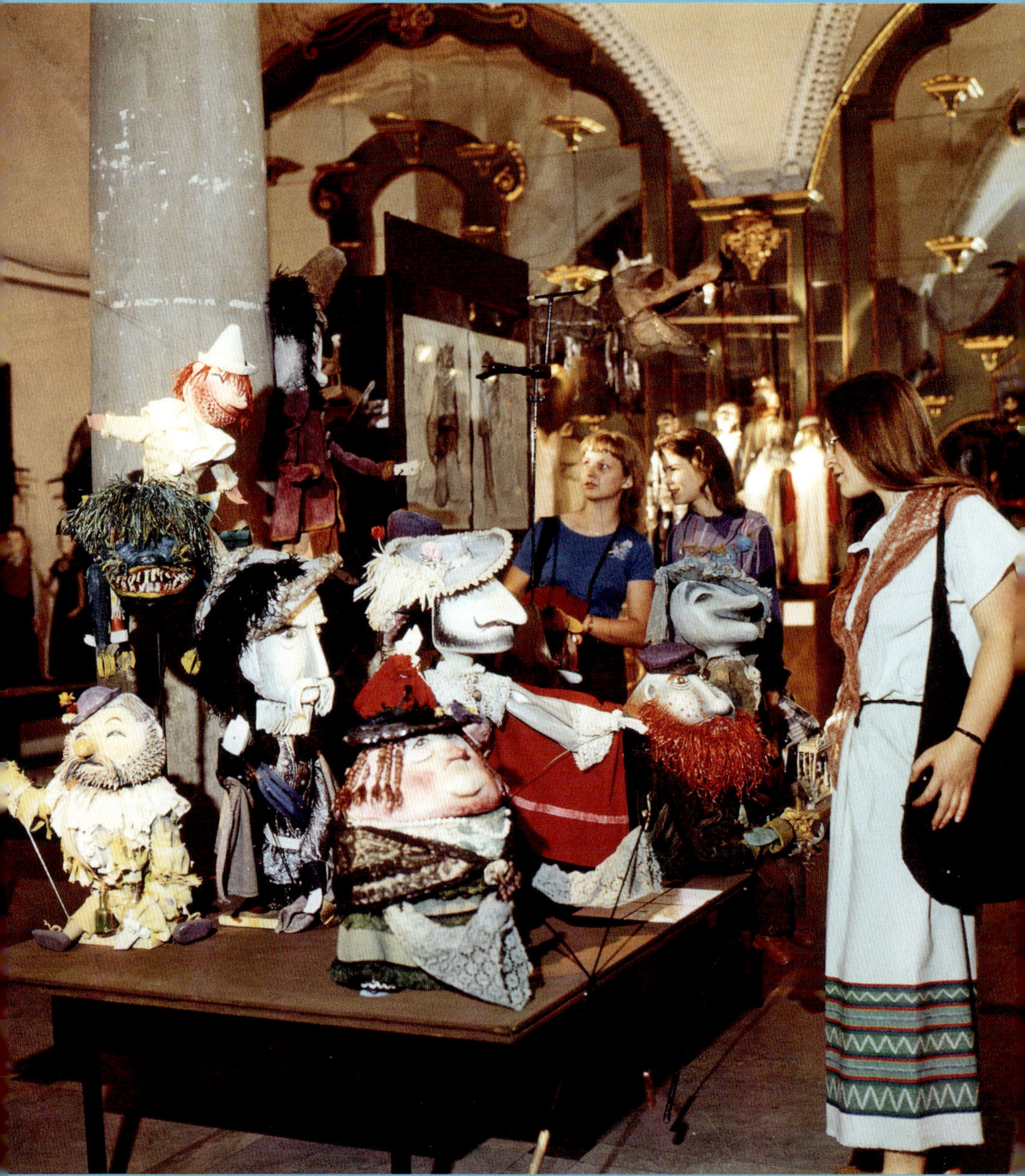

Puppentheater ausstellen

Die Dresdener Puppentheatersammlung

Lars Rebehn

Wie gründet man ein Museum? Grundlage war früher meist eine adelige oder großbürgerliche Sammlung, die als Schenkung oder Ankauf in öffentliche Hand kam. Dass jemand aus kleinbürgerlichem Milieu seine Privatsammlung für eine Museumsgründung zur Verfügung stellt, ist eher ungewöhnlich, auch in Dresden: Der Leipziger Volksschullehrer Otto Link (1888–1959) übereignete seine Sammlung zum Puppentheater, bestehend aus 6 000 Inventarnummern und über 20 000 Exponaten, 1952 dem Land Sachsen, wurde ihr Leiter und schied aus dem Schuldienst aus (Abb. 3). Allerdings war die Frage der Umsetzung von Seiten des Landes lange nicht geklärt. Der Volkskundler Paul Nedo (1908–1984), 1951 Hauptabteilungsleiter für Kunst und Literatur im Ministerium für Volksbildung, 1952 Leiter der Verwaltung für Kunstangelegenheiten des Landes Sachsen, übernahm – unterstützt vom Inspekteur für Volkskunde Manfred Bachmann (1928–2001) – die über einjährigen Verhandlungen mit Link. Nach dem Abtransport zahlreicher Kunstschätze durch die sowjetische Besatzungsmacht 1945/46 gab es nur noch wenige Landesmuseen. Die »Staatliche Puppenspielsammlung« wurde schließlich innerhalb der Hauptverwaltung Staatliche Museen, Schlösser und Gärten dem Landesmuseum für sächsische Volkskunst angeschlossen. Dabei ging es eher um verwaltungstechnische Fragen, da Otto Link bis zu seinem Tode 1959 vollkommen selbstständig arbeitete.[1]

1
Die Ausstellung »Tradition – Alltag – Experiment. DDR-Puppentheaterszenographie der Gegenwart« anlässlich des UNIMA-Kongresses im Pretiosensaal des Residenzschlosses · 1984

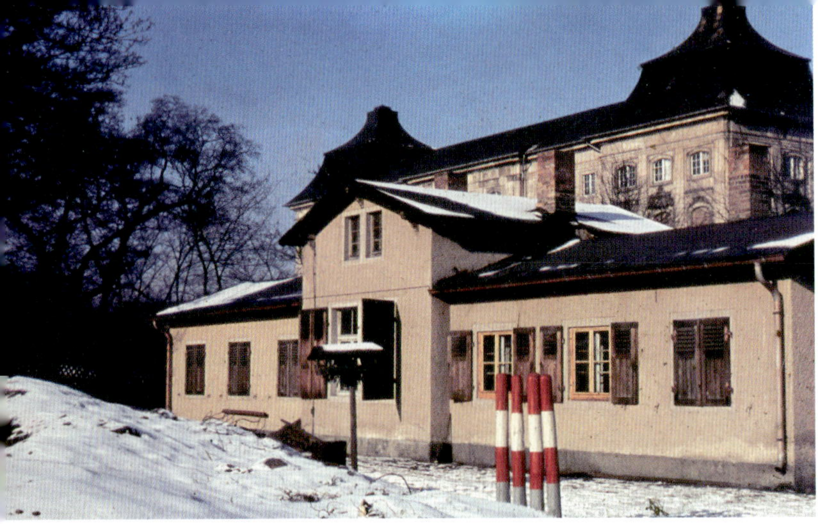

2
Das Gärtnerhäuschen am Japanischen Palais · um 1960

Zunächst wurde die Sammlung im Gärtnerhäuschen des Japanischen Palais untergebracht (Abb. 2) und erhielt 1953 zehn großzügige Räume in der Friedrich-Engels-Straße 15, dem heutigen Kulturrathaus (Königstraße). Hier fanden Bibliothek, Archiv, Arbeitsplätze, Depots und auch eine Ausstellung ihren Platz. Gemeinsam mit seiner Mitarbeiterin Charlotte Zimmer führte Otto Link Sonderausstellungen durch und vermehrte die Sammlung, insbesondere um Theaterfiguren jeglicher Art. 1958 begründete er die »Mitteilungen der Staatlichen Puppenspielsammlung Dresden«, die für viele Jahre die einzige Puppenspielzeitschrift der DDR war. Bei seinem Tode hatte sich die Zahl der Inventarnummern verdoppelt. Otto Link galt als der Experte für Puppentheater. Aber eigentlich war er den Mächtigen unbequem, da er seine eigene Meinung hatte und man ihn nicht einfach auf ein Abstellgleis manövrieren konnte. 1958 widersetzte er sich auf Bezirksebene der Verbotswelle privater Puppenbühnen so erfolgreich, dass bald jede dritte Puppenbühne der DDR aus dem Bezirk Dresden kam. Kurz nach der Rückkehr von der Pariser Tagung der UNIMA, der weltweiten Puppenspielervereinigung, die Otto Link 1929 und 1957 in Prag mit- und wiederbegründet hatte, starb er überraschend am 15. Juni 1959 im Alter von 71 Jahren in Dresden. Schon kurz darauf wurden der Puppentheatersammlung die zentral gelegenen Räume gekündigt. Eine SED-Organisation hatte Bedarf angemeldet.

Manfred Bachmann, ab 1957 Direktor des Staatlichen Museums für Volkskunst, sah sich nun mit mehreren Problemen konfrontiert. Er brauchte einen neuen Standort, den er im Hohenhaus in Radebeul-Zitzschewig fand. In einem Weinberghaus der Spätrenaissance, das zur Gründerzeitvilla umgebaut worden war, standen sechs Räume zur Verfügung, von denen einzig einer einen repräsentativen Charakter hatte. Ausstellungen gab es hier nicht. Nur drei der Räume waren auch beheizbar.

3
Otto Link stellt Ensemblemitgliedern des Städtischen Puppentheaters Karl-Marx-Stadt die Sammlung in Dresden vor · um 1958

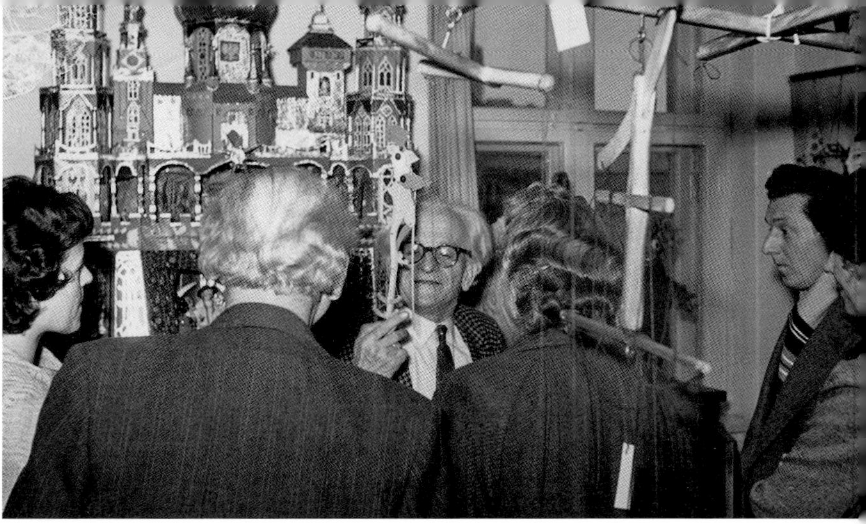

4
Rolf Mäser mit seiner Mitarbeiterin Christa Schmidtgen im weißen Salon des Radebeuler Hohenhauses · um 1963/64

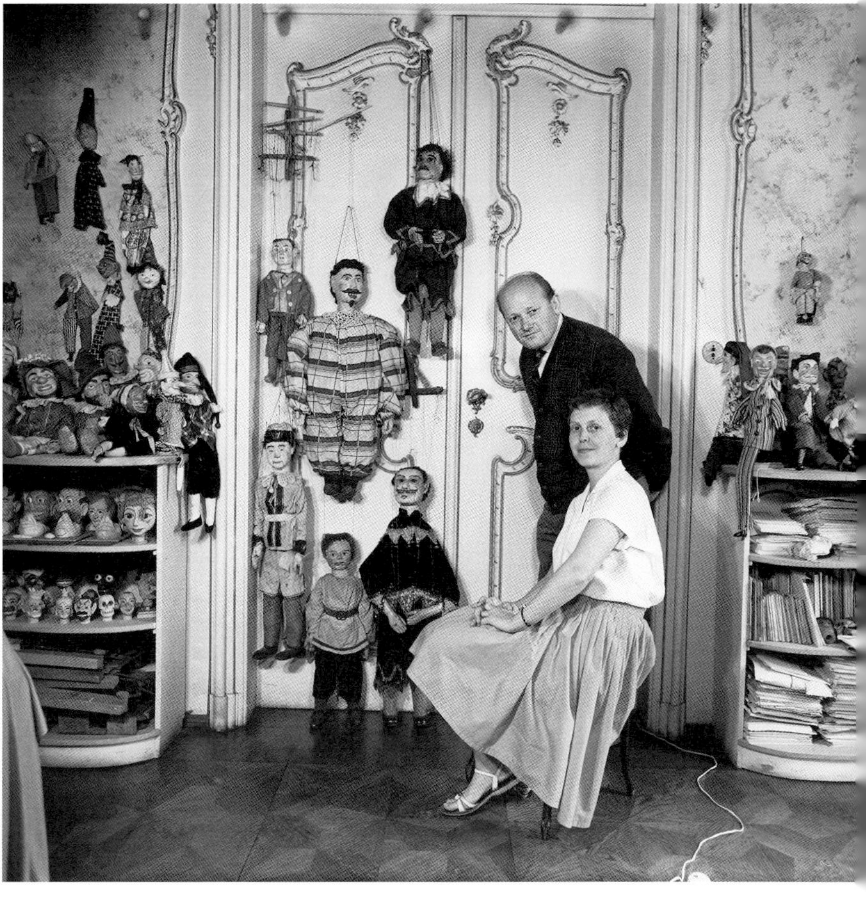

In Zeiten der Wohnraumbewirtschaftung lebten im Hohenhaus mehrere Mietparteien, bis das Gebäude Ende der 1970er Jahre allein der Puppentheatersammlung zur Verfügung gestellt wurde. Trotzdem mussten für die wachsende Sammlung Schuppen angemietet werden, in die es jedoch hineinregnete. Die Zerstörung wertvoller Bestände war die Folge. Die Balken im Hohenhaus waren vom Hausschwamm befallen. Durch vereinte Maßnahmen des in Westdeutschland lebenden Hausbesitzers – er spendete das Kupfer für das Dach – und der Zwingerbauhütte konnte das Hohenhaus gerettet und in den 1980er Jahren denkmalgerecht saniert werden. Allerdings reichte der Platz im Haus nicht aus, sodass Teile der Sammlung weiterhin ungeeignet gelagert werden mussten. Auf dem Spitzboden gab es jahreszeitenbedingt Temperaturen zwischen Frost und weit über 50 Grad, im Kellergewölbe herrschte dagegen konstant annähernd 100 Prozent Luftfeuchtigkeit.

Schwierig gestaltete sich für Bachmann auch die Nachfolge von Otto Link. Vorgesehen war Alexander Rötzsch, ehemaliger Sparkassenangestellter in Rochlitz, Puppenspieler, Puppenschnitzer, künstlerischer Leiter der Puppentheater zunächst in Chemnitz und Dresden und ab 1956 Leiter des Puppentheaters der Stadt Halle. Er hatte im Auftrag Links eine Studie über die Geschichte des Puppentheaters in Halle erstellt, erkrankte aber kurz vor der Übernahme der Leitung und starb mit 58 Jahren am 26. Dezember 1959. Bachmann berief daraufhin in seiner Not den Lehrer Rolf Mäser (1925–2006, Abb. 4), der im Dorfklub von Polenz ein Amateurpuppentheater betrieb. Mäser wurde zunächst zum Studium der Theaterwissenschaft nach Leipzig geschickt, sodass Bachmann erstmals Leitungsaufgaben der Puppentheatersammlung übernehmen musste. Als er 1968 Generaldirektor der Staatlichen Kunstsammlungen Dresden wurde, brachte er auch seine beiden Museen in den Verbund ein und sorgte dafür, dass die Puppentheatersammlung ab 1972 einen eigenen Direktionsbereich erhielt. Zu verschiedenartig waren die Inhalte, und Puppentheater ließ sich nach seinem Verständnis nicht unter dem Oberbegriff »Volkskunst« subsumieren.

Die Sammlung wuchs in den 1960er Jahren (Abb. 5), unter anderem durch die Übernahme der künstlerischen Nachlässe der traditionellen Marionettenspieler Kurt Listner, Kurt Bonesky und Gustav Richter, des Theatrum mundis von Max Ritscher sowie des Fundus von Kurt Baldrian und Figuren aus den städtischen Puppentheatern Karl-Marx-Stadt und Magdeburg. In den 1970er Jahren konnte auch endlich der Personalstamm erweitert werden. Bestand die Puppentheatersammlung bis dahin aus Rolf Mäser, seiner langjährigen Mitarbeiterin Elise Metz (1926–2000) und einem Haustechniker, wurde jetzt die Stelle einer Depotverwalterin geschaffen und das Personal auch im technischen Bereich aufgestockt.

In den 1970er Jahren vergrößerte sich der Bestand nochmals erheblich. Im Bereich des Marionettentheaters wurden die Bühnen von Heinrich Apel junior, Eugen Singldinger und der Familie Apel-Böttger sowie das Theatrum

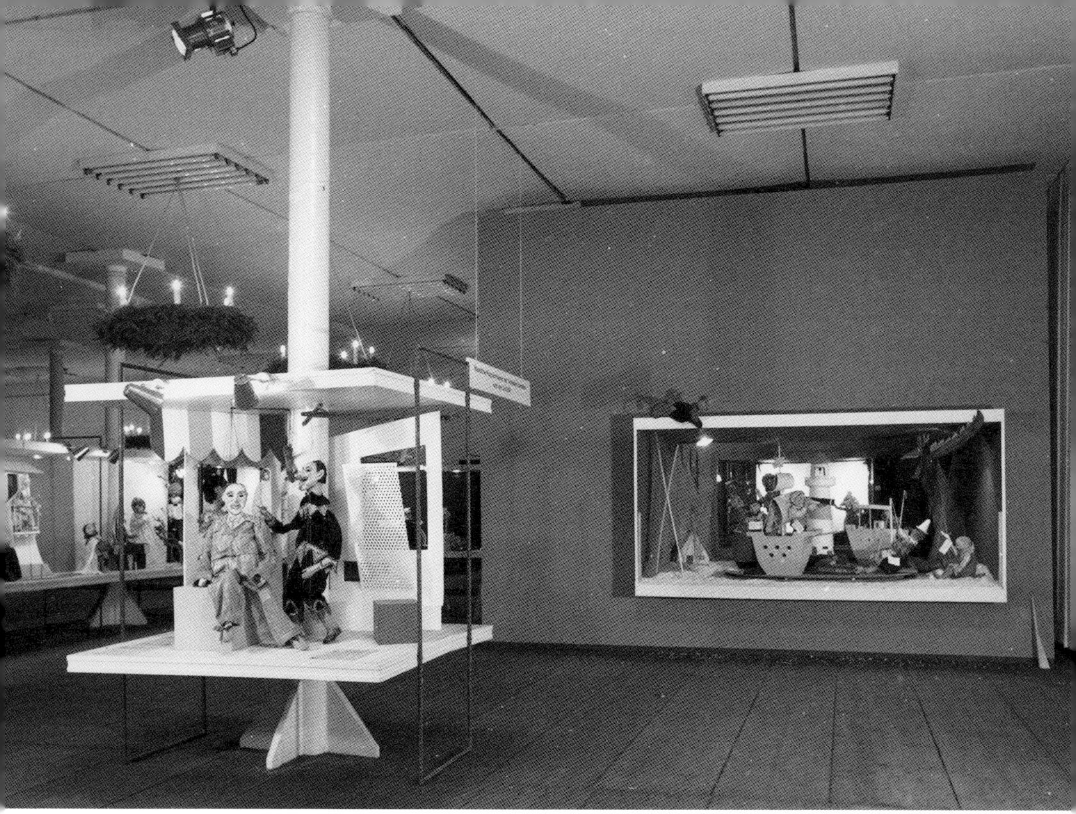

5
Die Puppentheaterausstellung in der Dresdener Nordhalle · 1964

mundi von Curt Kressig erworben,[2] bei den Handpuppen der Fundus Karl Adlers mit zahlreichen Hohnsteiner Handpuppen und beim Schattenspiel die Bühne von Elsbeth Schulz mit Figuren der berühmten Trickfilmerin Lotte Reiniger. Die wichtigsten Erwerbungen dieses Dezenniums waren aber die Puppenspielsammlung von Fritz Müller und jene von Arthur Kollmann, die ihren Weg von Leipzig nach Radebeul fand.[3]

Ab 1972 wurde für das Fernsehen der DDR die Kinderserie »Vorhang auf – das Spiel beginnt« mit 25 Folgen produziert. In ihr erwachen stets zur Mitternacht die Puppen der Puppentheatersammlung. Neuankömmlinge müssen den Alteingesessenen etwas vorspielen, um sich den Platz im Museum zu verdienen. Gedreht wurde auch im Hohenhaus. Ausstellungen fanden in Ermangelung eigener Räume in ganz Dresden, der DDR und auch im Ausland statt. Anlässlich des 25-jährigen Bestehens der Puppentheatersammlung wurde vom 10. Februar bis 24. April 1977 im Albertinum die Ausstellung »Puppentheater gestern und heute« gezeigt, die mit über 110 000 Gästen zu den bis dahin erfolgreichsten Sonderausstellungen der Staatlichen Kunstsammlungen Dresden (SKD) gehörte (Abb. 6). Die federführende Architektin Susanne Berthold gestaltete dann auch die Präsentation im Hohenhaus ab 1985.

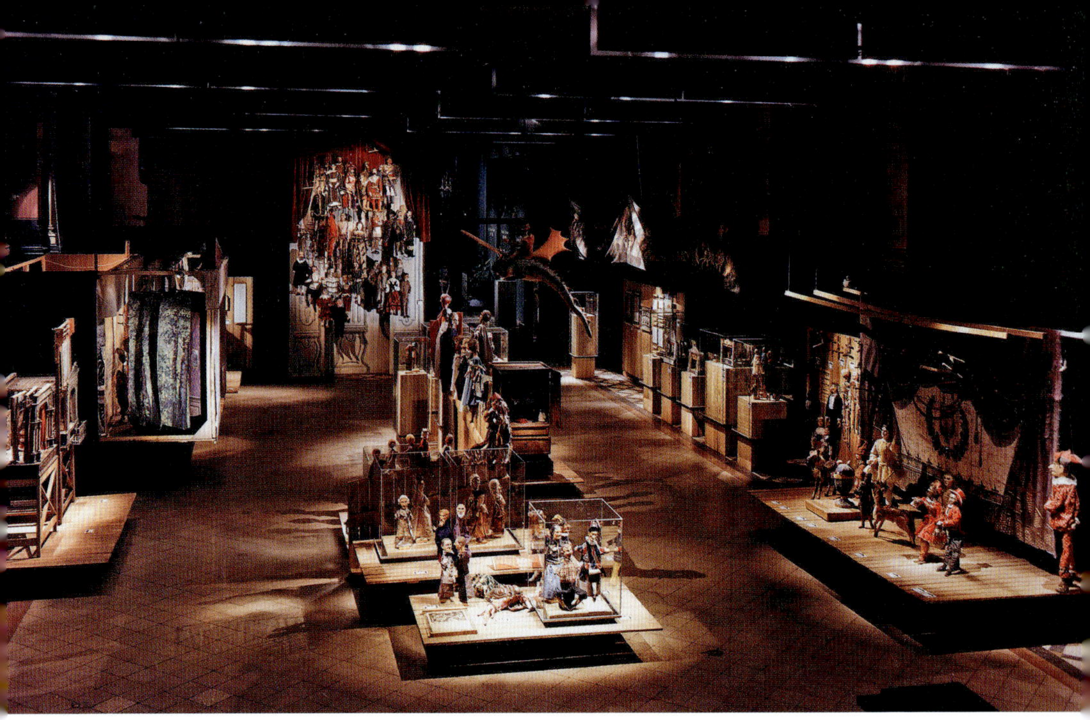

6
Die Ausstellung »Puppentheater gestern und heute« im Klinger-Saal des Albertinum · 1977

Die 1980er Jahre zeichneten sich durch einen enormen Aufschwung der Sammlung aus. 1984 wurden Weltkongress und -festival der Puppenspieler durchgeführt, an denen Bühnen und Gäste aus aller Welt teilnahmen. Dazu fanden zehn Ausstellungen in ganz Dresden und Radebeul statt, darunter eine der ersten seit dem Zweiten Weltkrieg im Pretiosensaal des Grünen Gewölbes (Abb. 1). Im Vorfeld sollte die Sanierung des Hohenhauses abgeschlossen werden. Dies gelang jedoch erst 1985. Ab 1986 wurden die Räume während des Sommerhalbjahres für die Besucher geöffnet. Bis 1990 stieg die Zahl der Mitarbeiterinnen und Mitarbeiter auf elf an. Neben dem Direktor gab es jetzt zwei wissenschaftliche Stellen, und es wurde eine permanente Restaurierungswerkstatt geschaffen.

Mit der Wende geriet die Puppentheatersammlung ins Abseits. Der neue Generaldirektor Werner Schmidt (1930–2010) betrachtete die Puppentheatersammlung als »Bachmann-Kind«.[4] Er konnte ihr nur wenig Verständnis entgegenbringen. Als der Direktor Rolf Mäser 1991 in Ruhestand ging, wurde dessen Stelle nicht wiederbesetzt. Zum kommissarischen Leiter wurde der bisherige stellvertretende Direktor Olaf Bernstengel (1952–2020) ernannt. Bernstengel, der vor seiner Zeit in Radebeul die Öffentlichkeitsarbeit des Puppentheaters Magdeburg leitete, hatte ein vollkommen anderes Museumsverständnis als Schmidt. Er hatte in der DDR einen Freundeskreis Puppenspiel beim Kulturbund Dresden mit über 150 Mitgliedern ins Leben gerufen, ab 1987 jährlich ein großes

Puppenspielfest (»Kasperiade«) geleitet, 1988 gemeinsam mit dem Verband der Theaterschaffenden der DDR ein internationales Symposium in Radebeul organisiert und mit der Spielgruppe »Fundus – das Museum auf Rädern« Sammlungsbestände für Aufführungen reaktiviert. Nach der politischen Wende gründete er zudem einen der ersten Fördervereine der SKD. Das sinnliche Erleben von Aufführungen mit dem historischen Material war faszinierend, dem Zustand der Exponate aber nicht förderlich. Bernstengel sah für die Puppentheatersammlung keine Zukunft innerhalb der SKD und suchte nach Alternativen. In der Konsequenz wurde er 1992 seines Amtes als Leiter enthoben und schließlich als letzter Parteisekretär der Kunstsammlungen und IM der Staatssicherheit zum Jahresende 1993 entlassen. Seine Nachfolge als kommissarischer Leiter trat noch 1992 Johannes Just (1939–2017) an. Mit der neuen Satzung der SKD wurde 1998 aus den zwei Museen »Museum für Sächsische Volkskunst« und »Puppentheatersammlung« mit einem Federstrich das »Museum für Sächsische Volkskunst mit Puppentheatersammlung«. Nicht einmal der Status einer Abteilung wurde gewährt. Seither war es schwieriger, die Puppentheatersammlung innerhalb des Kosmos der SKD wahrzunehmen und ihr Gehör zu verschaffen.

1994 bestand das Personal nur noch aus fünf Personen. Wichtigste Erwerbungen dieses Jahrzehnts waren 1993 die subversive DDR-Inszenierung »Die Jäger des verlorenen Verstandes« der freien Gruppe Zinnober und 1998 der Fundus des Bornaer Handpuppenspielers Hans Frannek (1908–1995). Der Verfasser dieser Zeilen wurde 1997 der neue Wissenschaftler. Es galt, die Sammlung zu konsolidieren. So erfolgte ab 1998 eine Bestandsaufnahme und das Ermitteln von Desideraten. In Nachwendezeiten verloren gegangene Kontakte mussten wieder geknüpft werden. Diese Phase war vor allem durch die Schenkung zahlreicher Inszenierungen kommunaler Puppenbühnen aus den 1980/90er Jahren gekennzeichnet. Mit dem gezielten Sammeln von Plakaten und bühnenbildnerischen Entwürfen wurden früher begonnene Aktivitäten der Sammlung fortgesetzt. Kleine Ausstellungen im Hohenhaus (Abb. 7) und das sukzessive Überarbeiten der ständigen Ausstellung gingen einher mit der Aufarbeitung der Bestände.

Eine Zäsur stellte allerdings der Verkauf des Hohenhauses im Jahr 2002 dar. Seit 1990 gehörte das Gebäude einer Erbengemeinschaft, bestehend aus Nachfahren der Familie von Stechow. Eine der Erbinnen verschenkte ihr Viertel am Haus und Garten an den Landesverein Sächsischer Heimatschutz e. V., in dem Johannes Just maßgeblich aktiv war. Ziel war der Erhalt des Kulturdenkmals für die Puppentheatersammlung und die Öffentlichkeit. Der Freistaat Sachsen zeigte Interesse, der Radebeuler Stadtrat beschloss sogar den Ankauf, setzte ihn aber trotz des Entgegenkommens der Erbengemeinschaft nicht um. Der neue Eigentümer erhielt den Zuschlag für einen niedrigen Preis, weil er sich für den Erhalt der Puppentheatersammlung am Ort einzusetzen versprach. Die Verhandlun-

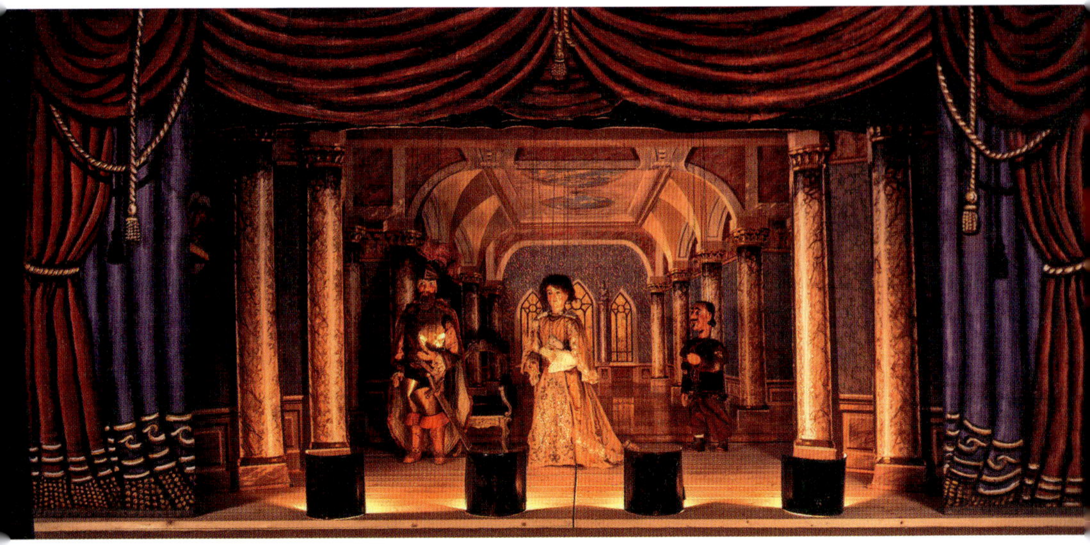

gen mit dem Sächsischen Immobilien- und Baumanagement scheiterten allerdings, sodass die Puppentheatersammlung Ende August 2003 vorerst letztmalig für das Publikum öffnete. Ohne größeren zeitlichen Vorlauf und ohne ausreichende finanzielle Mittel wurde der Umzug zu einer Mammutaufgabe für das ganze Team. Die interimistischen Räume in der Dresdener Garnisonkirche mussten kurzfristig hergerichtet werden. Mobiliar, das bei den Umzügen vom Kupferstich-Kabinett und von der Kunstbibliothek bzw. der Neuausstattung übriggeblieben war, konnte glücklicherweise genutzt werden. Der Umzug musste organisiert werden, wobei das Verpacken fast ausschließlich durch das hauseigene Personal geplant und durchgeführt wurde. Es gelang, das Hohenhaus nach 43 Jahren fristgerecht bis zum Silvestertag 2003 zu beräumen.

7
Die Ausstellung »Hinter den Kulissen« in der unteren Halle des Hohenhauses · 2001

Die Garnisonkirche war nur als kurzes Intermezzo vorgesehen, da es einen Beschluss zur Unterbringung der Puppentheatersammlung im Japanischen Palais gab. Die Depots sollten im neuen Zentraldepot des Albertinum eingerichtet werden. Die geplanten Depoträume wurden einer anderen Verwendung zugeführt, die grundlegende Sanierung des Japanischen Palais steht bis heute aus. So wurde auch das »Provisorium Garnisonkirche« ein dauerhaftes. 2004 entstand hauptsächlich mit Eigenmitteln eine kleine Ausstellung, deren Mittelpunkt Ritschers Marionettentheater war,[5] das im Jahr zuvor erworben werden konnte. 2004 ging Johannes Just in Ruhestand, Igor Jenzen wurde sein Nachfolger. Auf Grund weiterer Stellenkürzungen, die diesmal besonders den Jägerhof betrafen, wurde die Ausstellungstätigkeit der Puppentheatersammlung dorthin verlegt. Statt einer ständigen Ausstellung, die alle Aspekte des

Puppenspiels behandelte, gab es jetzt jährlich wechselnde Schauen, die stets einen besonderen Fokus hatten.

Eine Zäsur stellte 2008 der Beginn des Inventurprojekts »Daphne« und die Einführung der gleichnamigen Datenbank dar. Endlich war der Sammlung ein Instrument in die Hand gegeben worden, um das umfangreiche Wissen und die zugehörigen Objekte zu verwalten und der Öffentlichkeit in neuer Form zur Verfügung zu stellen. Zwischen 2008 und 2017 wurden so vom Team, das in dieser Zeit um jeweils zwei bis vier Erfasserinnen erweitert wurde, 65 000 Datensätze erstellt. Seither steht mit Gewissheit fest, dass die Puppentheatersammlung über 12 000 Theaterfiguren besitzt. Bibliothek, Archiv, Fotobestände und Teile der Bühnen warten aber immer noch auf ihre vollständige Erfassung und Erschließung. Trotzdem kann sich die Puppentheatersammlung heute rühmen, die am besten erschlossene Sammlung ihrer Art weltweit zu sein.

Die fehlende Dauerausstellung machte sich immer mehr bemerkbar und mit ihr der Wunsch nach einem neuen Domizil. Um 2008/09 rückte das Gelände des Kraftwerks Mitte in das Blickfeld der Puppentheatersammlung. Hier sollte ein neues kulturelles Schwergewicht mit zwei Theatern im Zentrum entstehen. Eines war das Theater Junge Generation, zu dem das städtische Puppentheater gehörte. Es wurden Gespräche geführt, besichtigt und sich beäugt. Schließlich gab der scheidende Generaldirektor Martin Roth grünes Licht für offizielle Gespräche. Sein Nachfolger Hartwig Fischer genehmigte 2012 die Erstellung eines Flächenbedarfsantrags, der von der Staatsministerin für Wissenschaft und Kunst, Eva-Maria Stange, befürwortet wurde. Die Genehmigung durch das Ministerium erfolgte 2014. Nun hieß es wieder Bangen, da nicht jeder genehmigte Antrag auch umgesetzt wird. Nach einigen Unstimmigkeiten zwischen verschiedenen Ministerien erfolgte am 6. Dezember 2017 schließlich die Unterzeichnung eines Mietvertrags in Anwesenheit des Ministerpräsidenten. Seither wurde geplant und gebaut und nun steht die Eröffnung der Sammlung im Kraftwerk Mitte bevor.

Der Vorhang hebt sich zu einem neuen Akt.

1 Grundlage dieses Aufsatzes ist das umfangreiche Archiv der Puppentheatersammlung, frühere Gespräche mit ehemaligen (meist verstorbenen) Mitarbeiterinnen und Mitarbeitern der Puppentheatersammlung und eigenes Erleben. **2** Zu Kressigs Theatrum mundi vgl. auch den Beitrag von Mario Kliewer in diesem Heft. **3** Neben der Kollmann-Sammlung kam zugleich auch die Sammlung des Journalisten und Ethnologen Alfred Lehmann (1891–1955) nach Radebeul, deren Erwerbung Otto Link seinerzeit nicht gelungen war. Zu Link und Kollmann vgl. auch den Beitrag von Lars Rebehn, »Puppentheater sammeln«, in diesem Heft. **4** So die Aussage eines früheren Mitarbeiters der Sammlung gegenüber dem Autor. **5** Vgl. den Text zu Ritscher von Alexandra Löser in diesem Heft.

Lars Rebehn ist Oberkonservator der Puppentheatersammlung, Staatliche Kunstsammlungen Dresden.

Ein glückverheißender Tanz

Der Drache im vietnamesischen Wassermarionettentheater

Gemäß der Legende gilt der Drachenkönig Lạc Long Quân als der Urvater des vietnamesischen Volkes.[1] Durch seine Vermählung mit der Berggöttin Âu Cơ entstanden 100 Eier, aus denen die ersten Bewohner*innen Vietnams hervorgingen. Der Drache ist in der vietnamesischen Identität fest verankert und äußerst positiv besetzt. Er repräsentiert Stärke und Macht und ist in der bildlichen Darstellung ein Schutz- und Herrschaftssymbol. Es verwundert daher nicht, dass der Drache auch im vietnamesischen Wassermarionettentheater (Múa Rối Nước) eine wichtige Funktion einnimmt. Diese jahrhundertalte Theaterform entstand im Rahmen dörflicher Zeremonien anlässlich von Neujahrs- und Erntefesten, in denen die lokalen Gottheiten um Segen gebeten wurden.[2] Der Auftritt des Drachen verspricht Wohlstand und Glück.

Die Dresdener Puppentheatersammlung besitzt ein fast vollständiges Ensemble, das 2020 mit Unterstützung von MUSEIS SAXONICIS USUI Freunde der Staatlichen Kunstsammlungen Dresden e. V. angekauft wurde. Somit konnte die Sammlung im Bereich des außereuropäischen Puppentheaters um ein beeindruckendes Objektensemble erweitert werden. Die Figur des Drachens kommt insgesamt zweimal vor. Das hier gezeigte Exemplar lässt aufgrund seines Erhaltungszustandes den Aufbau des Drachenkörpers sehr gut erkennen. Dieser ist aus Holz geschnitzt und besteht aus neun beweglichen Gliedern, die durch eine Kette miteinander verbunden sind. Seine einzelnen Teile sind rot gefasst und mit einem goldgelben Schuppenmuster versehen. Durch den vielgliedrigen Aufbau können beeindruckende Bewegungen ausgeführt werden. Das klassische Wassermarionettentheater wird auf einer kleinen Wasserfläche aufgeführt, die im Hintergrund durch ein pagodenartiges Bühnenhaus begrenzt ist. Dahinter stehen die Marionettenspieler*innen hüfthoch im Wasser und sind dem Publikum verborgen. An drei bis vier Meter langen Stäben steuern sie die hölzernen Figuren geschickt über die Oberfläche und führen effektvolle Bewegungen mit zusätzlichen Schnüren oder drehbaren Gestellen aus.[3] Die Stäbe sind dabei nicht zu sehen. Die in den hohlen Kopf eingearbeiteten Materialen dieses Drachens lassen darauf schließen, dass er neben Wasser auch Rauch und eine Feuerwerksfontäne speien konnte. Dieser Effekt gilt bis heute als krönender Abschluss jeder Vorstellung.[4] Der Drache »tanzt« hier mit den anderen drei heiligen Wesen Phönix, Schildkröte und Qilin (Einhorn). Jedes Theaterstück wird von einem kleinen Orchester musikalisch und rhythmisch untermalt.

Das Wassermarionettentheater entstand im 11. Jahrhundert in Gegenden mit vielen Gewässern und landwirtschaftlichem Reisanbau wie dem Delta des Roten Flusses. Es entwickelte sich jedoch schnell zu einer

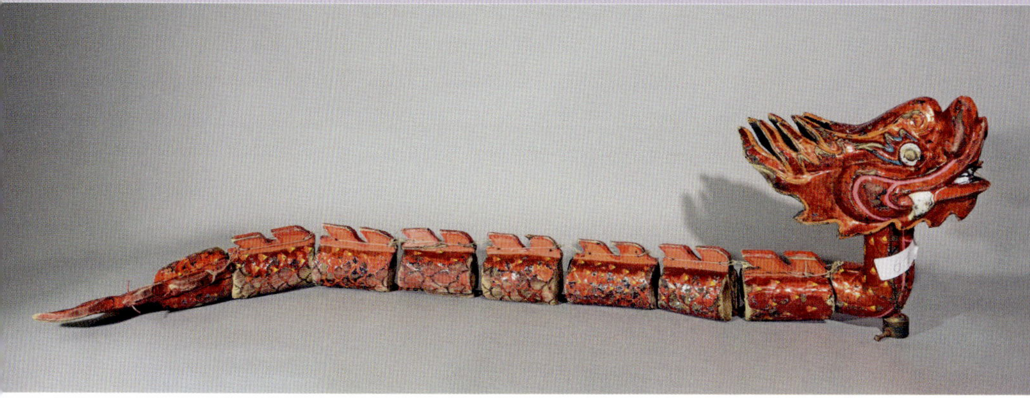

Wassermarionette »Drache«
Hanoi, 2. Hälfte 20. Jahrhundert · Holz, Metall · 171 × 39 × 13 cm · Puppentheatersammlung, Inv.-Nr. A 15062

anerkannten Kunstform und fand Förderung an den Herrscherhöfen. Zum Repertoire gehörten alltägliche Szenen, wie der Fischfang und die Landwirtschaft, aber auch historische Ereignisse, Märchen oder Heldenlegenden. Während der französischen Kolonialherrschaft (1858 – 1945) wurden vor allem kritische und satirische Stücke gespielt, was unter anderem zum Verbot vieler Ensembles führte. Heute haben sich staatlich geförderte Theater in Hanoi oder Ho-Chi-Minh-Stadt etabliert, die das Marionettenspiel pflegen und es in fest installierten Wasserbühnen, zumeist als Touristenattraktion, vorführen, aber auch im Ausland gastieren. Im Rahmen solch einer Tournee ist auch dieser Drache nach Deutschland gekommen. 1998 trat das Nationale Wassermarionetten-Theater Hanoi im Großen Garten in Dresden auf. Auf Initiative der Freundschaftsgesellschaft Vietnam sollten so der Kulturaustausch und die »Freundschaft und Verständigung zwischen beiden Völkern«[5] vertieft werden. Die Wassermarionetten verblieben nach der Tournee in Deutschland. Im »9-Drachen-Park«, einem Kulturzentrum für südostasiatische Kunst in Hannover, wurden die Figuren weiterhin für Aufführungen genutzt. Nach Abriss des Zentrums im Jahr 2015, samt den darin befindlichen asiatischen Tempelbauten, gingen die Puppen in Privatbesitz über, bis sie 2020 in der Puppentheatersammlung ein neues Zuhause fanden. Nam Nguyen

1 Entsprechende Erzählungen finden sich in mittelalterlichen Chroniken wie dem Đại Việt sử ký toàn thư aus dem 15. Jahrhundert von Ngô Sĩ Liên. **2** Vgl. Christian Schicklgruber, Ritus zur Freude der Ahnen. Das Wasserpuppentheater in Vietnam im Allgemeinen, aber auch im Dorf Ra im Besonderen, in: Archiv für Völkerkunde 59/60 (2009), S. 59 – 94. **3** Der Bau und die Mechanik der Puppen waren meist geheim und wurden nur innerhalb der Gilde oder der Familie weitergegeben; vgl. Kathy Foley, The Metonymy of Art. Vietnamese Water Puppetry As a Representation of Modern Vietnam, in: The Drama Review 45 (2001), Heft 4, S. 129 – 141. **4** Zur Szenenabfolge vgl. Derek Gaboriault, Vietnamese Water Puppet Theatre. A Look Through the Ages, Kentucky 2009, S. 37 – 47. **5** Le Kinh Tai, ehemaliger Botschafter der Sozialistischen Republik Vietnam in Bonn, zitiert nach Günter Giesenfeld (Hg.), Nationales Wassermarionetten Theater Hanoi Vietnam Programm, Düsseldorf 1998, S. 3.

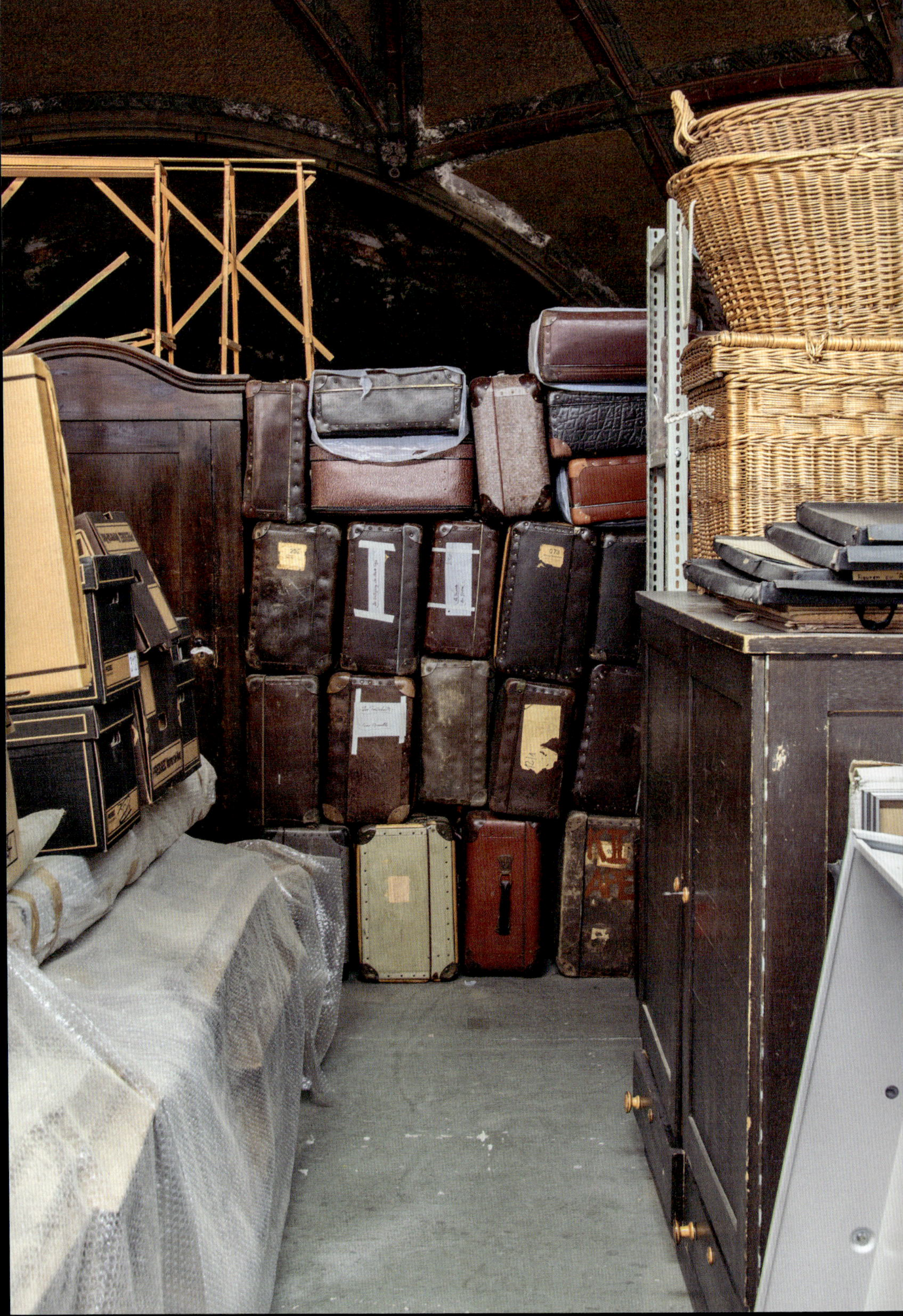

Das Werden eines Depots

Zum Umzug der Dresdener Puppentheater-sammlung

Ramona Münzer-Scadock

Seit Menschengedenken werden aus unterschiedlichsten Gründen Dinge gesammelt und weitergegeben. Warum sammeln sich im Leben so viele Sachen an? Gerade in der heutigen Zeit des Überflusses ist es schwer, eine Auswahl zu treffen, was bleiben und was wieder in den Kreislauf gehen kann. Wir treffen täglich so viele Entscheidungen, die unser Leben beeinflussen. Doch wie entscheidet man im Museum? Was darf und muss bleiben?

Fürstliche Wunderkammern und private Sammlungen sind oft die Quelle musealer Einrichtungen. Im Museum liegt das Augenmerk auf dem zielgerichteten Weitersammeln, Bewahren und dem Erforschen des jeweiligen Sammlungsbestandes. Mittels Dauer- und Sonderausstellungen sowie Fachbeiträgen werden diese Erkenntnisse der Öffentlichkeit zugänglich gemacht.

Das Bewahren ist ein wesentlicher Aspekt für die Museumsarbeit, der in seiner Komplexität leicht unterschätzt wird. In den Dauerausstellungen können nicht alle Objekte gezeigt werden. Ein Teil der Sammlungsbestände liegt geschützt und für die Öffentlichkeit nicht sichtbar in Depots, in denen sie auf ihren »Einsatz« warten. Diese Räume sind klimareguliert, gegen Einbruch und Brand gesichert und müssen über günstige Verkehrswege (Fahrstuhl etc.) verfügen. Jeder Sammlungsbestand hat seine eigenen Lagerungsparameter, die beachtet werden müssen, um Schäden am Kunstgut zu vermeiden. Im Allgemeinen sollte dieses druckfrei gelagert und mit schadstofffreien Materialien verpackt sein. Logistisch ist eine exakte Verortung der Objekte zwingend, um die Dinge auch auf schnellstmöglichem Wege finden und bereitstellen zu können.

1
Das ehemalige Kirchenschiff in der Garnisonkirche · 2019

Zieht ein Museum um, erweitern sich die Aufgaben der Sammlungsverwaltung im Depotbereich akut. Der Gesamtbestand des Hauses muss neu betrachtet werden. Bisherige Entscheidungen für das Lagern der Objekte werden auf den Prüfstand gestellt, um auch am neuen Standort das sichere Bewahren zu gewährleisten. Hinzu kommen Transporte, für die das Kunstgut ebenso vorbereitet werden muss.

Etwa 60 000 dreidimensionale Objekte umfasst die Dresdener Puppentheatersammlung. Dazu zählen Marionetten, Handpuppen, Bühnen, Bühnenbilder, Papiertheater, Schattenspielfiguren, Stabpuppen, Wassermarionetten, Kostüme, Requisiten, Flachfiguren, das Theatrum mundi und vieles mehr. Hinzu kommen noch reichhaltige Archiv- und Bibliotheksbestände. Der Gesamtbestand geht weit über 100 000 Objekte hinaus. Ohne Vorwissen denkt man bei einer Puppentheatersammlung oft nur an handliche Objekte; das Wort »Puppe« suggeriert etwas Kleines. Tatsächlich gibt es im Sammlungsbestand aber Bühnen, die Maße von über vier Metern aufweisen. Ebenso sind einige Figuren sehr ausladend gestaltet, sodass eine Lagerung oft nur in großen Kartons möglich ist.

Die Dresdener Sammlung zählt zu den bedeutendsten ihrer Art weltweit. Durch ihre Komplexität können zahlreiche Puppentheaterbühnen mit Figuren, Texten, Theaterzetteln und Plakaten belegt werden, die ein umfassendes Bild aus den Leben der Puppenspieler*innen zeigen. In der erst 56-jährigen Geschichte der Sammlung innerhalb des Museumsverbundes der Staatlichen Kunstsammlungen Dresden ist sie enorm gewachsen und wird sich auch weiterhin vergrößern, vor allem um inhaltliche Lücken zu schließen. Die daraus resultierende Schlussfolgerung lautet, die Puppentheatersammlung Dresden benötigt mehr Platz – auch in der Zukunft!

In den vergangenen Jahren war die Puppentheatersammlung ausschließlich in Interim-Depots untergebracht, die kaum musealen Standards entsprachen und in den letzten Jahren auch keine ständige Ausstellung zuließen. Ab Ende 2003 war sie mit ihren Beständen im ehemals evangelischen Teil der Garnisonkirche in der Dresdener Albertstadt untergebracht. Dieser wurde zu DDR-Zeiten ausgebaut und von der Phonothek[1] genutzt. Nach deren Auszug zog dann die Puppentheatersammlung – aus dem Hohenhaus in Radebeul kommend – ein. Die neuen Räume waren damals eine Verbesserung, jedoch schnell gefüllt und durch die vorhandene Gebäudestruktur nur bedingt geeignet.

Der Traum eines eigenständigen Hauses rückte im Dezember 2017 mit der Unterzeichnung des Vertrages über die Nutzung des DREWAG-Gebäudes im Kraftwerk Mitte in greifbare Nähe. Damit wurde ein Meilenstein für die Puppentheatersammlung gesetzt. Das Industriedenkmal sollte saniert und als Museumsbau hergerichtet werden. Die Nähe zum Theater Junge Generation und der Staatsoperette Dresden ermöglicht eine Zusammenarbeit der Häuser und bereichert damit das Areal.

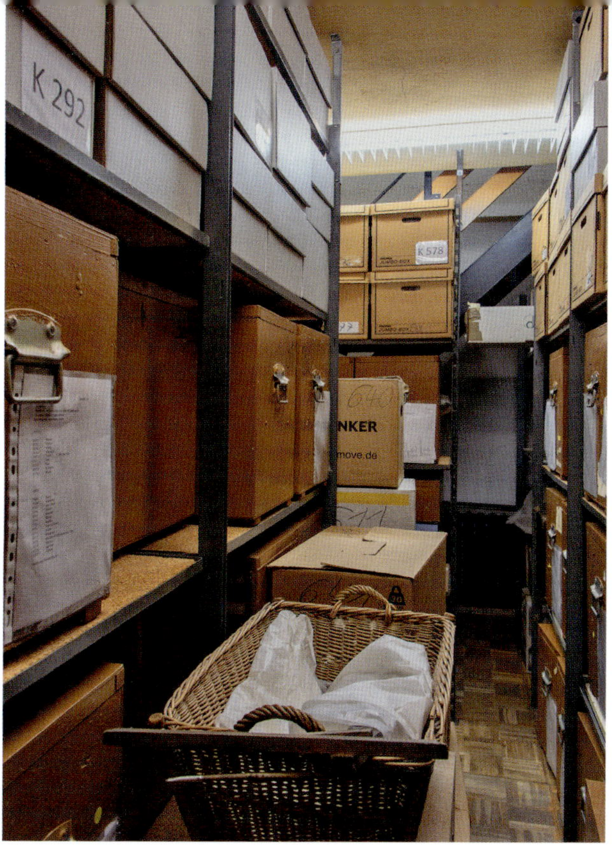

2
Handpuppendepot
in der Garnisonkirche ·
2019

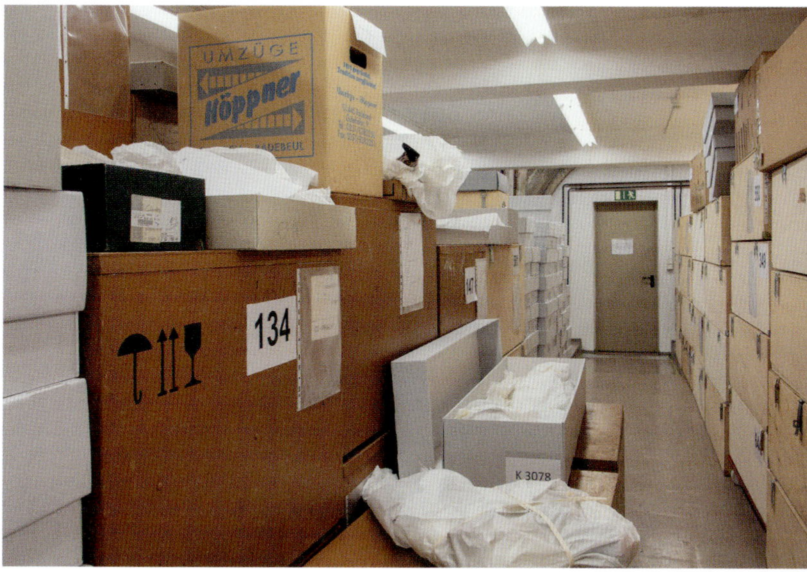

3
Kistenlager in der
Garnisonkirche · 2019

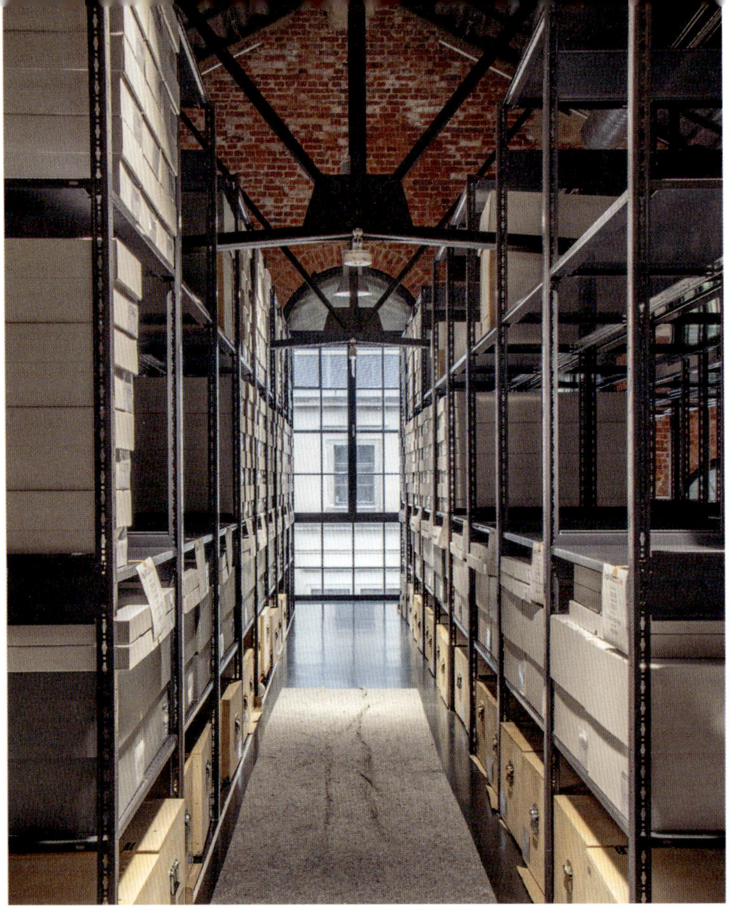

4
Blick in das neu eingerichtete Depot im Kraftwerk Mitte · Mai 2024

In einem denkmalgeschützten Fabrikbau ein funktionierendes Museum und weitere Bereiche mit anderen Nutzungen einzubringen, ist ein außergewöhnliches Projekt und bedarf einer komplexen Konzeption. Nach Festlegung der Nutzfläche konnten Planung und Ausbau der Räume erfolgen, in welche die Puppentheatersammlung dauerhaft einzieht. Durch äußere Umstände verzögerte sich der Ausbau des Gebäudes und der Eröffnungstermin musste mehrfach verschoben werden. Die Puppentheatersammlung sollte über einen großen Bereich für Dauer- und Sonderausstellung, Bibliothek und Archiv, Werkstätten, Depots, Büros, Vermittlungsraum und Veranstaltungsbereich verfügen. Nun begann die Zeit der konzentrierten Einrichtungsplanung, Ausstellungskonzeption und Umzugsvorbereitung.

Bei der Auswahl der Kunstgutlagerung mussten zusätzlich baubedingte Aspekte berücksichtigt werden. So ist die maximale Belastung des Fußbodens im Kraftwerk Mitte auf 500 kg pro Quadratmeter beschränkt. Die Höhe der Räume ist unterschiedlich und die Wege zu den Depots erfolgen meist durch angrenzende Bereiche der Ausstellung. Diese mussten ebenfalls in der Einrichtung mitgedacht werden, um eine Zugänglichkeit zu garantieren und Kunstguttransporte – auch im Havariefall – durchführen zu können. Die unterschiedliche Raumhöhe ermöglicht in einigen Bereichen eine Lagerung bis über drei Meter. Für Schiebeanlagen oder geschlossene Schränke mit Glastüren ist dies aber keine Option, da das Eigengewicht der Schränke bei Ausnutzung der Höhe die angegebene Belastungsauflage überschreitet. In Räumen mit niedriger Deckenhöhe konnten dagegen geschlossene Stahlschränke geplant werden.

Eine Verlagerung der Museumsbestände setzt als Erstes eine genaue Analyse des Ist-Zustandes voraus. Dies erwies sich als äußerst anspruchsvoll, da das Kunstgut über mehrere Etagen in verschiedenen Räumen und außergewöhnlichen Behältnissen in der Garnisonkirche untergebracht war. Hinzu kam, dass noch nicht alle Objekte wissenschaftlich erfasst werden konnten. Dieser teilweise etwas unübersichtliche Bestand erschwerte die Planung. Aber wie sollte man damit umgehen? Ein Sortieren ist kompliziert, wenn die inhaltliche Zugehörigkeit der Dinge nicht geklärt ist. Viele Marionetten und Handpuppen, welche im Laufe der Jahre gesammelt wurden, befanden sich noch in den Originaltruhen und -koffern, mit denen die Puppenspieler*innen durch die Lande zogen. Diese Transportbehältnisse (Abb. 1) wurden nicht als Kunstgut eingestuft, obwohl sie ebenfalls bis zu 200 Jahre alt sein können. Eine weitere Herausforderung stellen Objekte dar, die unvollständig in die Sammlung kamen. Wenn zum Beispiel fehlende Teile einer Bühne noch vom Puppenspieler nachgereicht wurden, muss die Zuordnung sofort erfolgen, da es ansonsten schwierig ist, die Teile im Nachhinein eindeutig zu verorten. Eine Bestandsaufnahme dieser möglichen Leerstellen ist vor dem Umzug unabdingbar.

Alle Kunstgüter müssen mit einer Inventarnummer versehen und in die Museumsdatenbank »Daphne« aufgenommen werden. In jedem Datensatz werden Fotos, wissenschaftliche Einordnung, Objektgeschichte und -verwaltung, Restaurierung, Zustandsbeschreibungen und vieles mehr abgespeichert. Durch die genaue Verortung lassen sich die Dinge auch schnell lokalisieren, die Datenbank stellt so ein unverzichtbares Arbeitsmittel im Museumsalltag dar.

Die Objekte der Puppentheatersammlung waren ursprünglich meist in unterschiedlich großen Holzkisten, in Pappkartons, Einbauschränken, Regalen und historischen Schränken untergebracht (Abb. 2 und 3). Für die Weiternutzung am zukünftigen Standort sind nicht mehr alle Möbel geeignet. Die Möblierung der zukünftigen Depots musste demzufolge neu überdacht werden. Grundsatzüberlegung war, so viel wie möglich an Staufläche zu erhalten und dabei die Lagerungsbedingungen sowie die Zugänglichkeit zu verbessern. Im Kraftwerk Mitte gibt es zwei Depotbereiche: ein oberer, der an die Ausstellung anschließt und für die Besucher*innen

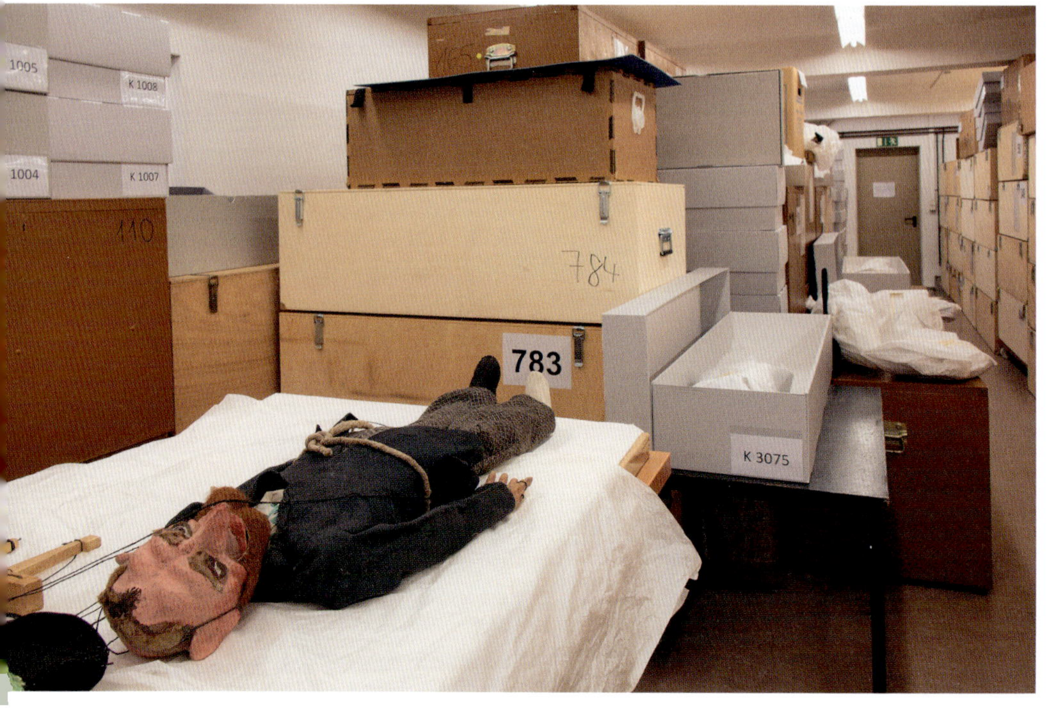

5
Verpacken einer Marionette in der Garnisonkirche · 2020

einsehbar ist, und ein unterer im Erdgeschoss. Der obere Depotbereich ist bei voller Ausnutzung der Raumhöhe eine Fläche, in der ein Großteil des Bestandes gelagert werden kann (Abb. 4). Ein hohes Regalsystem ist die einzige Option für eine platzsparende Ausstattung. Um den Platz in den Regalen gut ausnutzen zu können, wurde ein System von miteinander kombinierbaren Kartongrößen entwickelt. Die Kartons funktionieren wie ein Baukastensystem. Acht verschiedene Größen reichen aus, um den Bestand maßgerecht zu lagern. Die Beschriftung erfolgt mittels eines eindeutig festgelegten Systems, welches zugleich für die Standortverwaltung in der Datenbank genutzt wird.

In den jeweiligen Kartons ist das Kunstgut in Seidenpapier eingepackt (Abb. 5) und mittels Baumwollband mit daran befestigter, gut sichtbarer Inventarnummer verschnürt. Der gesamte Inhalt ist auf einer Kistenliste verzeichnet. Mit den praktischen Kartonmaßen wurde eine Planung der Regale möglich, jedoch konnte zunächst keine detaillierte Aussage über die Anzahl der einzelnen Formate getroffen werden. Durch das gewählte Baukastensystem konnte jedoch die Bestückung der Regale mit Kartons problemlos angepasst werden. Ein weiterer großer Vorteil dieser Lagerungsvariante war die Auswahl eines säurefreien Kartons, in dem das Kunstgut ohne Schadstoffe aufbewahrt werden kann. Für den Umzug erwiesen sich fertig gepackte Kartons, die ihren Platz im Regal finden und so verbleiben, als sehr praktisch, da das Auspacken entfällt und eine schnelle Arbeitsfähigkeit ermöglicht wird.

Im unteren Depotbereich kommen größtenteils Schränke zum Einsatz. Darin können sehr empfindliche Objekte völlig druckfrei gelagert werden. In Kragarmregalen finden zahlreiche gerollte, auf Leinwand gemalte Hintergründe mit Längen von vier bis fünf Metern in speziellen Kartonagen ihren Platz. Natürlich gibt es immer Dinge, die als Ausnahmen nicht ins System passen. Für diese wurden maßgerechte, individuell angepasste Kisten aus Holz und Karton gefertigt.

Das Umpacken des Kunstgutes erfolgte über einen Zeitraum von sieben Jahren. Tausende Kartons wurden bestellt, gefaltet, gefüllt und beschriftet, Inventarnummern vergeben und Einzelteile zugeordnet, Bühnen aufgebaut und Bauanleitungen geschrieben, fotografiert, sortiert und beschriftet. Die einst aus Platzmangel entstandenen Umstände konnten verbessert werden und sind nur noch auf Fotos festgehalten. Die Neusortierung des Depots im Kraftwerk Mitte wird den aktuellen Lagerungsansprüchen gerecht und ist ein Meilenstein für die Dresdener Puppentheatersammlung.

1 Das Tonträgerarchiv gehört zur Sächsischen Landesbibliothek – Staats- und Universitätsbibliothek Dresden.

Ramona Münzer-Scadock ist Restauratorin und Depotverwalterin in der Puppentheatersammlung, Staatliche Kunstsammlungen Dresden.

Zur Restaurierung des Handpuppenbestandes von Christian Heinrich Niedermeier

Ein besonderer Schatz der Dresdener Puppentheatersammlung ist der Fundus des in Chemnitz geborenen Puppenspielers Christian Heinrich Niedermeier (1836–1913, Abb. 1), der zahlreiche Textbücher, Theaterzettel, Kulissen, Handpuppen (Abb. 2), Marionetten, Flachfiguren und Metamorphosen (Verwandlungsfiguren) umfasst. In einem Brief an den Leipziger Arzt und Puppenspielforscher Arthur Kollmann[1] schildert der gelernte Schmied Niedermeier 1887 seinen Lebenslauf.[2] Darin gibt er einen detaillierten Bericht seiner Zeit und seinen Werdegang zum Puppenspieler, Schwierigkeiten der damaligen Zeit mit Lizenzen, Genehmigungen sowie seine persönlichen Beziehungen zu anderen Puppenspielern. Seine Begeisterung fürs Puppenspiel war schon in der Kindheit geweckt worden und blieb ihm ein Leben lang erhalten. Ein Puppenspielkollege beschrieb sein Spiel: »Ich war ganz erstaunt als ich den 77-jährigen Greis spielen sah; welch' ein Feuer lag in seinem mächtigen Organ, und wie gerne lauschte ich seinen Worten [...].«[3]

Im Hinblick auf die Neueinrichtung der Puppentheatersammlung im Kraftwerk Mitte wurden zehn Handpuppen aus dem Niedermeier-Konvolut restauriert. Die ausgewählten Objekte gehören zu den Jahrmarktsfiguren. Sie sind von Niedermeier in einer Zeit genutzt worden, in denen Marionettentheater ihm kein Geld einbrachte und er sich mit Handpuppenspiel seinen Unterhalt verdiente. Auf dem Jahrmarkt wurde derb und grob gespielt, die Figuren schlugen aneinander und erhielten dadurch einige Blessuren. Durch die Spielweise bedingt, sind vier der ausgewählten Objekte mit nur einem Bein ausgestattet. Dieses wurde beim Spiel über die Rampe geworfen.

Die Köpfe, Hände und Schuhe sind geschnitzt und mit der originalen Farbfassung erhalten, ebenso Bärte und Kopfhaar sowie ein Helm. Die Bemalung der Gesichter ist einfach, aber auf große Distanz gut sichtbar. Der Großteil der Kostüme wurde mit der Nähmaschine genäht und nur vereinzelt sind Schnüre und Spitzen mit der Hand ausgeführt. Gebrauchsspuren sowie zusätzliche Nähte, die für die Schnittführung unnötig waren und mit unterschiedlichem Nähmaterial ausgeführt wurden, lassen die Vermutung zu, dass die Kostüme zum großen Teil aus alter Restkleidung angefertigt worden sind. Auch finden sich an verschiedenen Handpuppen dieselben Stoffe, was auf die Zusammengehörigkeit des Konvolutes hinweist.

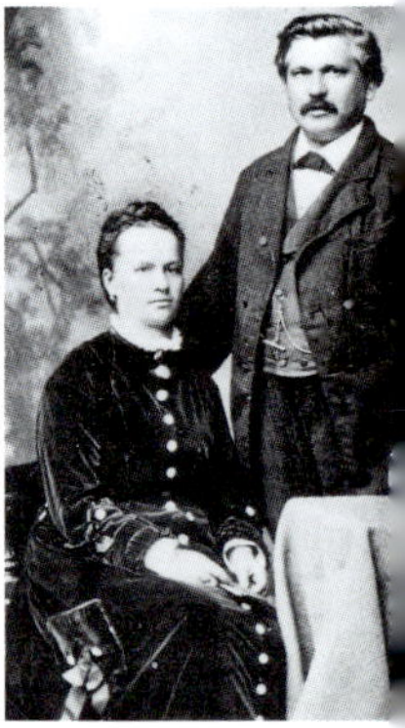

1
Christian Heinrich Niedermeier mit seiner Frau Amalie Friederike Kircheiß · um 1865

Bei der Restaurierung dieses Bestandes wurde zuerst eine umfassende Befundaufnahme vorgenommen. Das Schadensbild umfasste Verschmutzungen, Risse im Holz, Lösung der Farbschichten, Löcher in den Textilien, teils durch Mottenfraß verursacht, und zahlreiche Gebrauchsspuren. An einigen Figuren fanden sich Abdrücke im Gewebe, welche von einem früheren Besatz mit Borten, Spitzen oder Pailletten zeugten. Am Beginn stand die Reinigung:

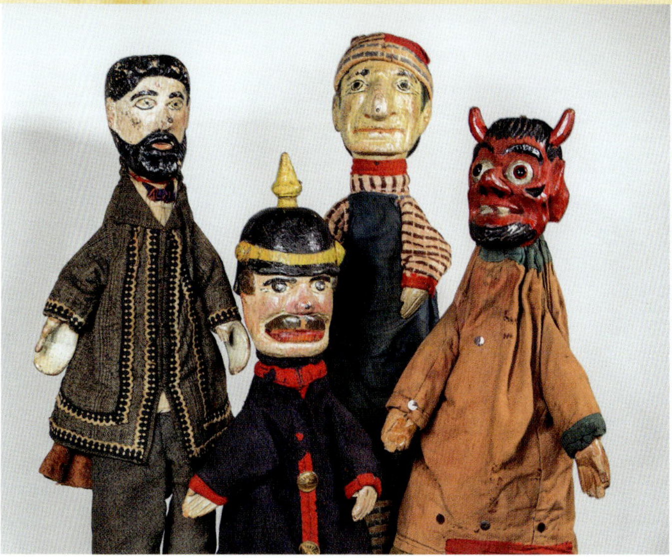

2
Christian Heinrich Niedermeier
Verschiedene Handpuppen · 1865–1870 · Holz, Textilien · verschiedene Maße · Puppentheatersammlung, Inv.-Nrn. A 5852, A 5853, A 5842, A 5855 (v. l. n. r.)

Lose aufliegender Oberflächenschmutz wurde durch Absaugen mit einem Spezialsauger vom Gewebe entfernt, Holzbereiche mit fester Farbschicht mittels Wallmasterschwämmchen gereinigt. Risse und lose Holzteile konnten mit einem Fischblasenkaltleim verklebt werden. Fehlstellen und Löcher im Textil wurden mit farblich angepasstem Doublierungsstoff[4] je nach Gewebe unterlegt und nähtechnisch gesichert. Dazu wurde ein dünner Seidenfaden aus Grege-Seide mit Egalisal-Textilfarben gefärbt und im Spannstich vernäht. Rostige Nägel, welche die Gewänder mit den Holzteilen verbinden, konnten mit entsprechenden Radierminen gereinigt und mit einem mikrokristallinen Wachs[5] konserviert werden. Um eine gute Lagerung der Figur zu gewährleisten und keine Lagerungsschäden im Textil zu erhalten, wurde ein zusätzliches Unterpolster aus Polyesterwatte und Baumwollstoff gefertigt. Eine passgerechte Hülle aus Tyvek schützt zusätzlich.

In der Dauerausstellung der Puppentheatersammlung im Kraftwerk Mitte kann nun ein Teil dieses besonderen Konvolutes präsentiert werden – und wird damit der großen Bedeutung von Niedermeier gerecht.
Ramona Münzer-Scadock

1 Zu Kollmann vgl. den Beitrag von Lars Rebehn, »Puppentheater sammeln«, in diesem Heft. **2** Niedermeier an Kollmann, 7. 12. 1887, Staatliche Kunstsammlungen Dresden, Archiv der Puppentheatersammlung, Akte Niedermeier, o. Bl., abgedruckt in: Johannes Moser, Lars Rebehn, Sybille Scholz (Hg.), »Mit großer Freude greif ich zur Feder.« Autobiographische und biographische Zeugnisse sächsischer Marionettenspieler. Zusammengestellt nach Unterlagen der Puppentheatersammlung der Staatlichen Kunstsammlungen Dresden, Dresden 2006, S. 97–102. **3** Richard Bonesky, Christian Heinrich Niedermeyer. Etwas aus seinem Leben. Erzählt von einem Freunde des Verstorbenen, in: Der Komet, 20. 9. 1913, zitiert nach Moser/Rebehn/Scholz 2006, S. 110. **4** Dies bezeichnet einen ausgewählten Ergänzungsstoff, welcher dem originalen Gewebe in Bindung und Qualität gleicht. **5** Cosmoloid H 80.

Der Weg aus dem Sakralbau in die Industriearchitektur

Alexandra Löser

Die Charakteristiken der Deckenmalereien und Kapitelle auf Augenhöhe, das Dach der ehemaligen Kanzel, gotisierende Bürofenster sowie Depoträume mit den Bezeichnungen »Orgelempore« und »Kirchenschiff« – dies beschreibt den letzten, für 20 Jahre genutzten Standort der Puppentheatersammlung. Die Garnisonkirche St. Martin wurde als Simultankirche in der Dresdener Albertstadt Ende des 19. Jahrhunderts errichtet. Seit 1945 wird der evangelische Teil für verschiedene, aber nicht mehr für kirchliche Zwecke genutzt. So beherbergte dieser ab 2004 die Depot- und Arbeitsräume der Puppentheatersammlung. Jedoch wurde bereits nach kurzer Zeit über einen anderen Standort für die umfangreiche Sammlung nachgedacht. Denn so charmant wie die Räumlichkeiten wirken, so ungeeignet sind sie für eine qualitative Kunstgutlagerung geeignet.

Zieht eine museale Sammlung mit ihrem gesamten Bestand um – wie die Puppentheatersammlung ins Kraftwerk Mitte –, bedeutet dies, nicht nur logistische und organisatorische Herausforderungen zu meistern. Die bestehenden Aufbewahrungsvarianten mussten neu überdacht und den sich verändernden Gegebenheiten angepasst werden. Die Sichtung von Objekten, deren Neuverpackung und Sortierung in verwinkelten Räumen sowie das Befördern über mehrere Etagen ohne Fahrstuhl glich einem großen Puzzle. Jedes Objekt wurde in die Hände genommen und für den Transport verpackt, bisher kaum sichtbare Schätze kamen für kurze Zeit ans Licht, um dann wieder in neuen Kartons zu verschwinden. Nach über sieben Jahren der Planung und Vorbereitung sind mehrere tausend Behältnisse mit Kunstgut befüllt worden. Währenddessen leerten sich die bisherigen Räumlichkeiten und das neue Museum füllte sich

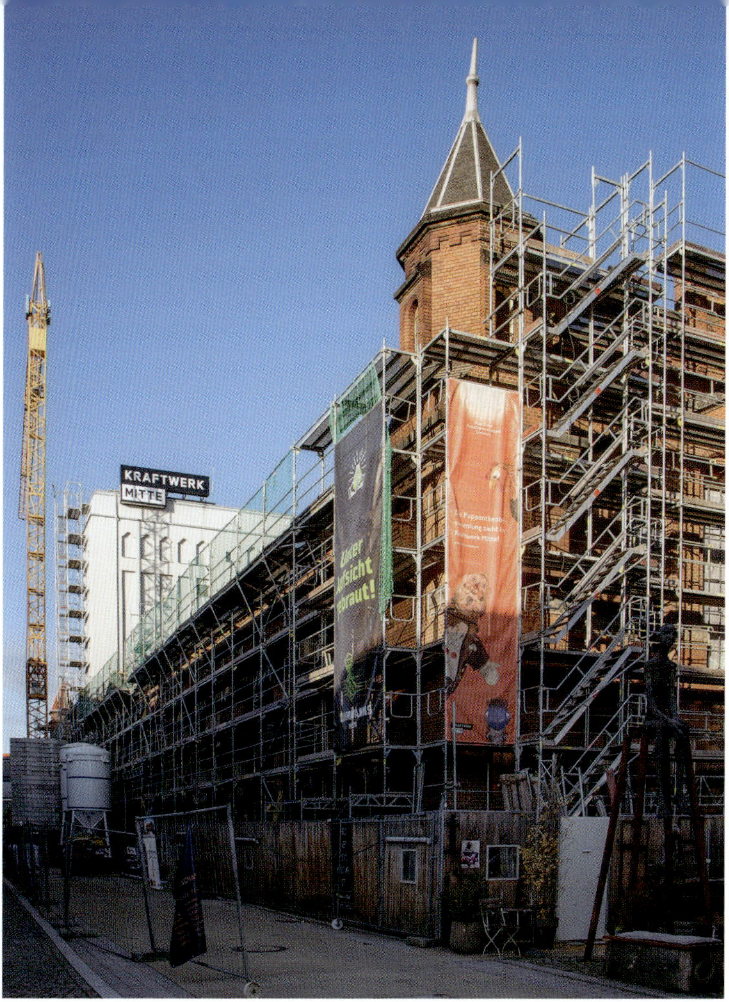

Außenansicht des Kraftwerks Mitte · 2022

mit Architektur, Mobiliar, neuer Technik und schlussendlich mit den Inhalten der Puppentheatersammlung. Ebenfalls im 19. Jahrhundert gebaut, entwickelte sich das ehemalige Heizkraftwerk Mitte seit Beginn der 2010er Jahre zu einem Kulturareal in der Dresdener Altstadt und wird mit der Puppentheatersammlung um eine vielseitige Kulturinstitution bereichert. Durch die neuen Unterbringungsmöglichkeiten erhält dort die Sammlung die Chance für den langfristigen Erhalt der Bestände und die Öffentlichkeit neue Zugänglichkeiten zum umfangreichen Archiv- und Bibliotheksbestand sowie die Besichtigung mehrerer Ausstellungsflächen.

Die Bildstrecke zeigt den Umzug vom langjährigen Interimsstandort der Puppentheatersammlung in der Garnisonkirche zum neuen Museum im Kraftwerk Mitte.

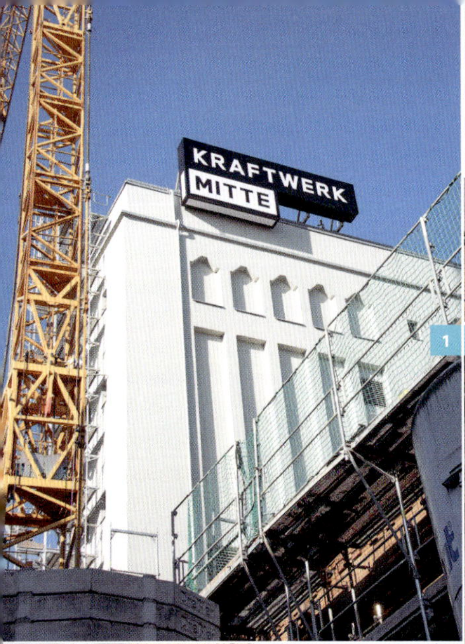

1

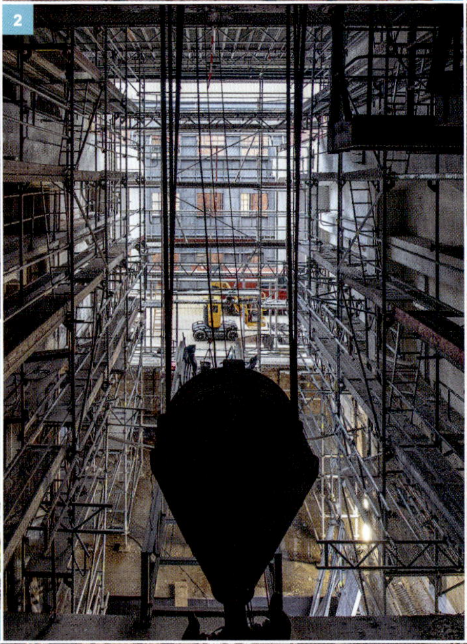

2

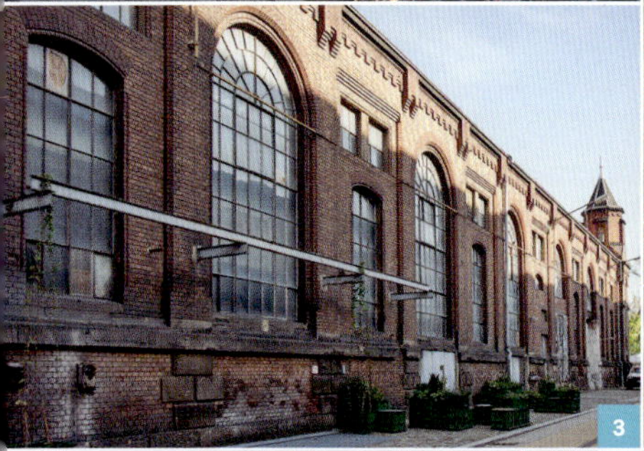

3

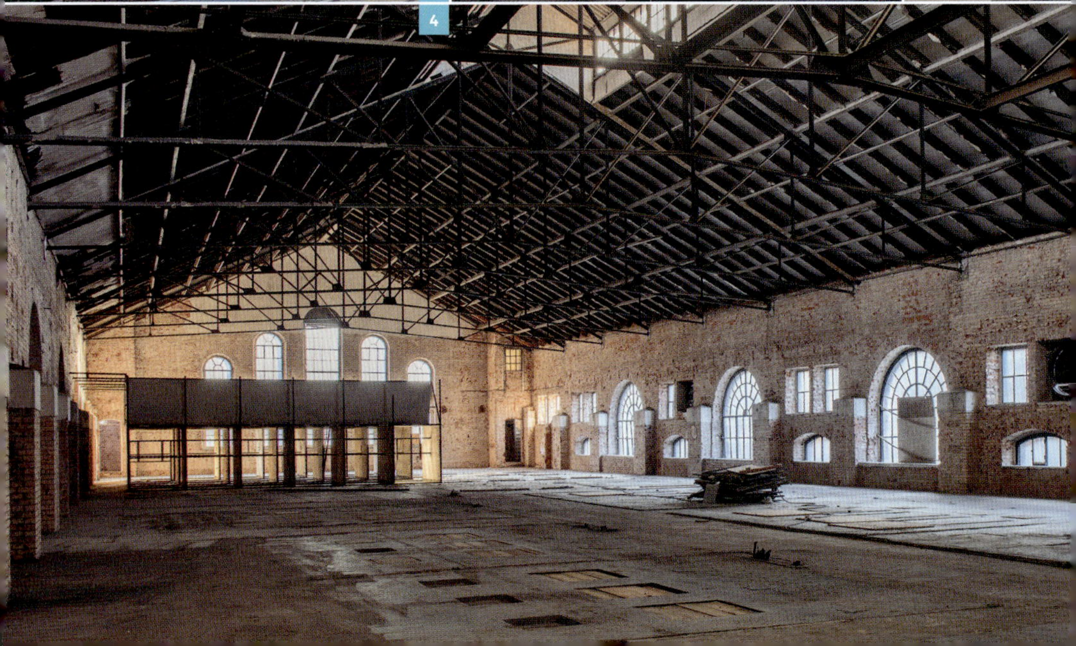

4

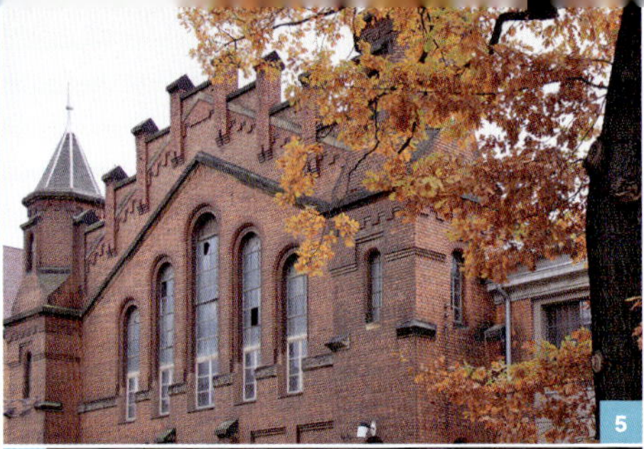

5

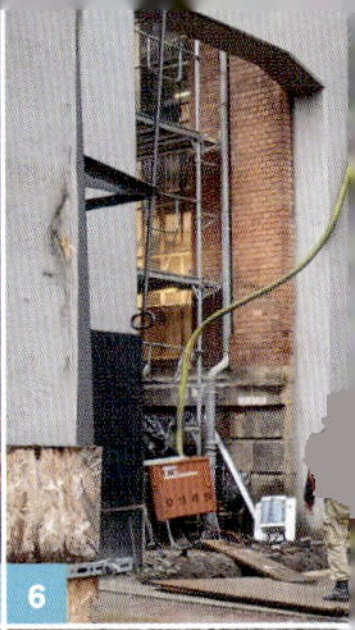

6

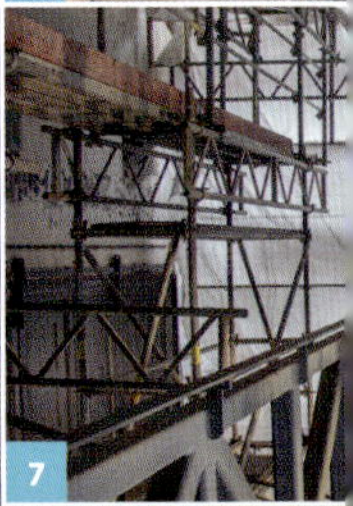

7

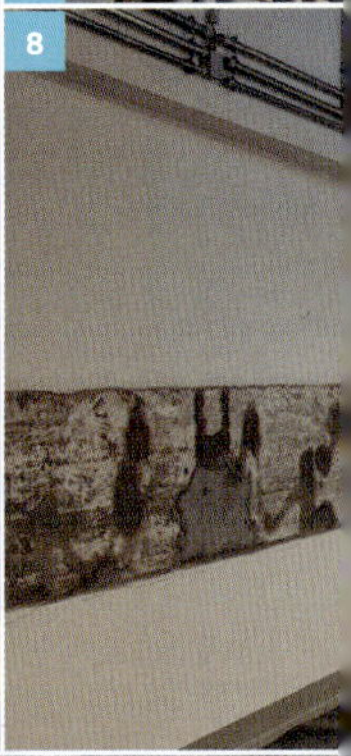

8

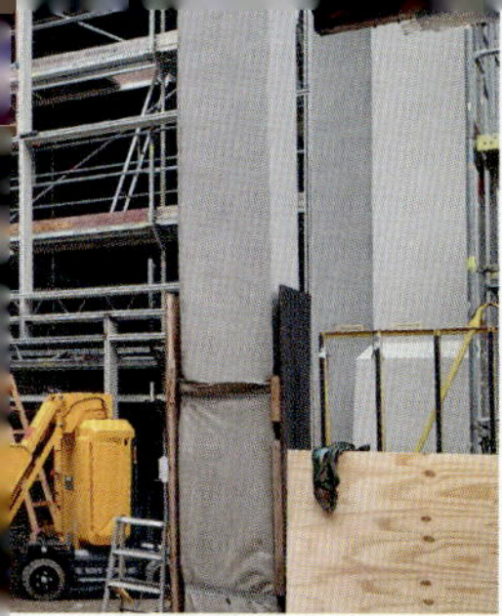

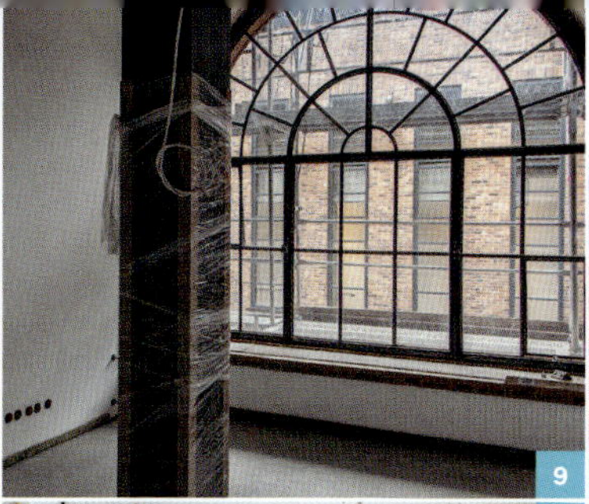

9

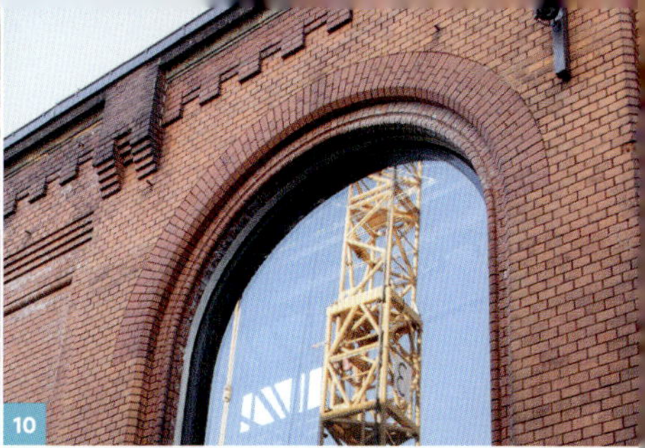

10

11

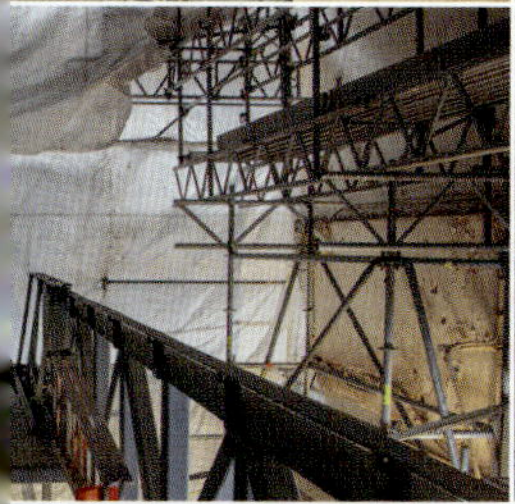

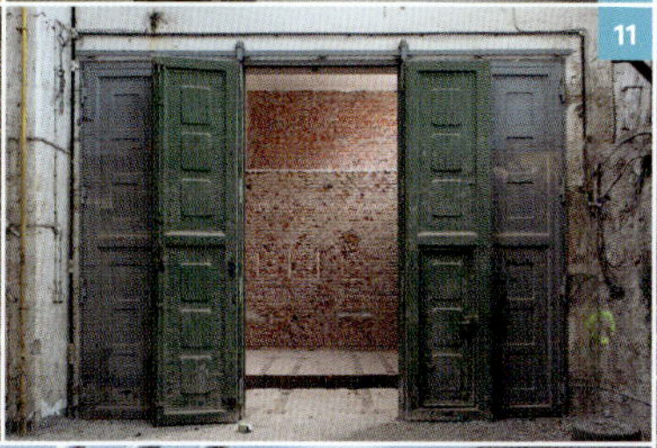

12

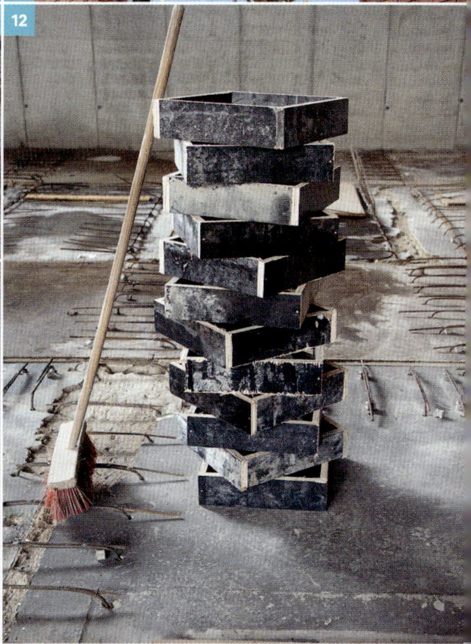

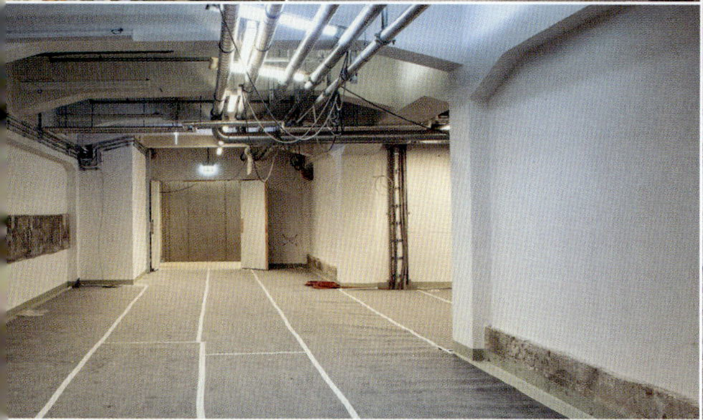

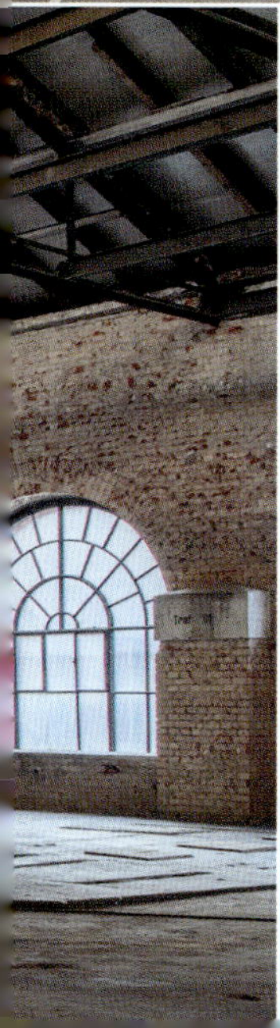

1 | 3 | 10 Außenansicht des Kraftwerks Mitte · 2019/22

2 | 7 Innenansicht der Kranhalle in Richtung Eingangsbereich · 2023/24

4 Innenansicht des 1. Obergeschosses im Kraftwerk Mitte · 2019

5 Ostseite des Kraftwerks Mitte · 2016

6 Eingangsbereich · 2024

8 | 14 Blick in eines der Depots · 2024

9 Blick in ein Bürozimmer · 2024

11 Untergeschoss der Kranhalle · 2019

12 Bauarbeiten im Kraftwerk Mitte · 2022

13 Blick aus dem Foyer in Richtung Zwischengeschoss · 2022

13

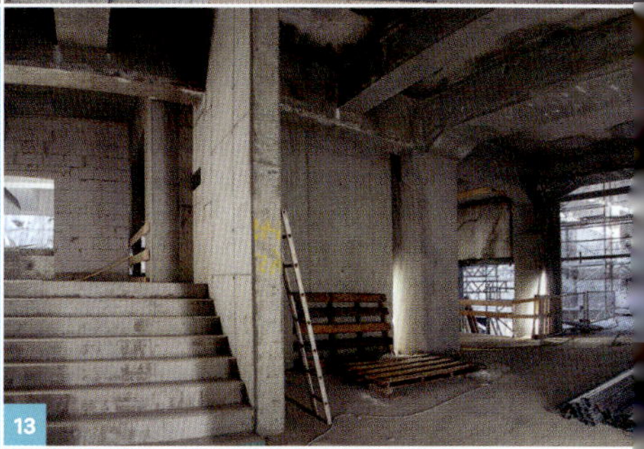

14

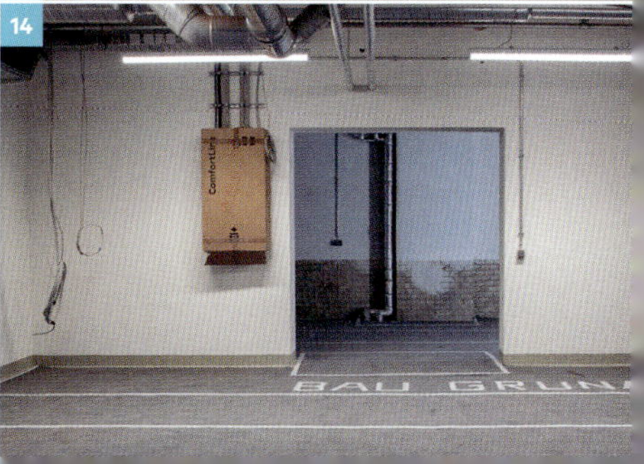

1 Historische Transportkisten im Depot der Garnisonkirche · 2019

2 Fensterblick aus dem 1. Obergeschoss des Kraftwerk Mitte · 2020

3 Blick auf die ehemalige Orgelempore in der Garnisonkirche, genutzt als Lagerfläche · 2019

4 Ausschnitt des Bibliotheksbestandes in der Garnisonkirche · 2020

5 | 6 Blick in die Ausstellungshalle im 1. Obergeschoss des Kraftwerks Mitte · 2023

7–9 Blick in die Depots in der Garnisonkirche · 2023

10 Treppenhaus in der Garnisonkirche · 2023

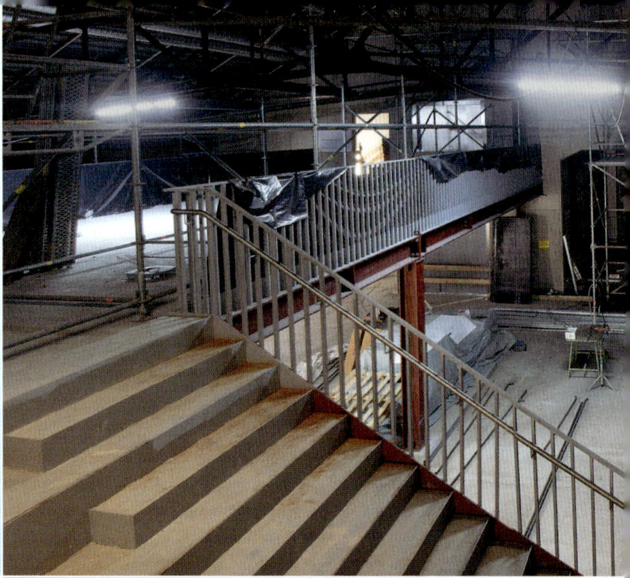

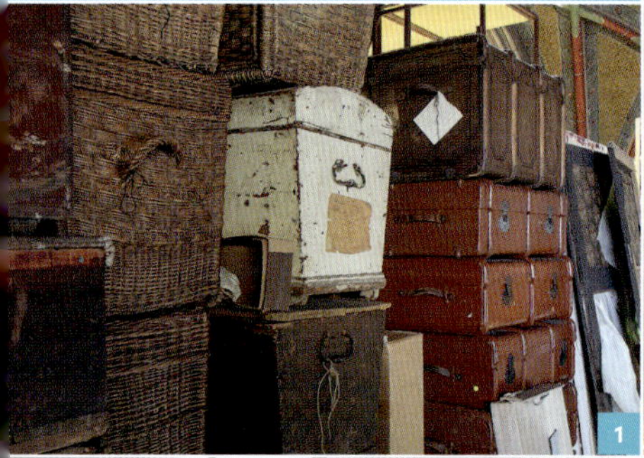

1

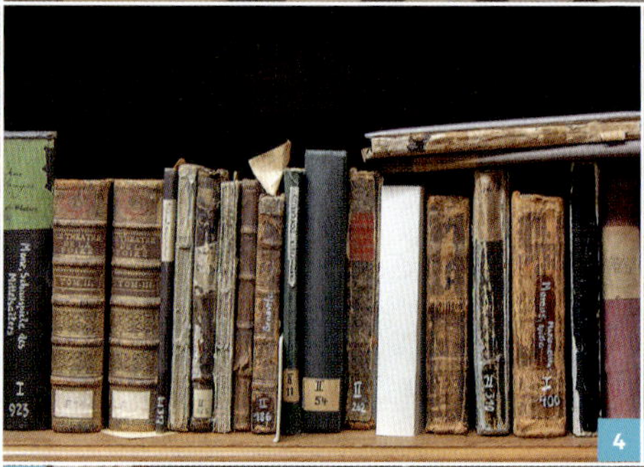

4

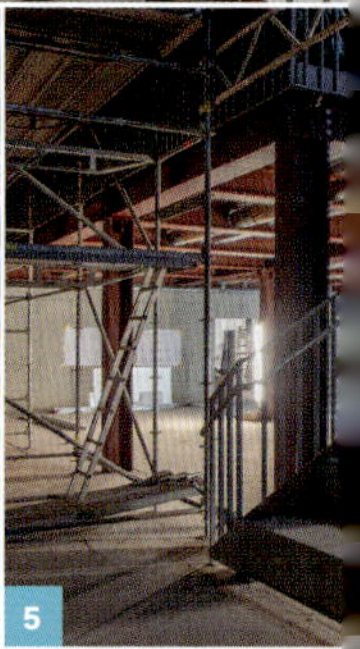

5

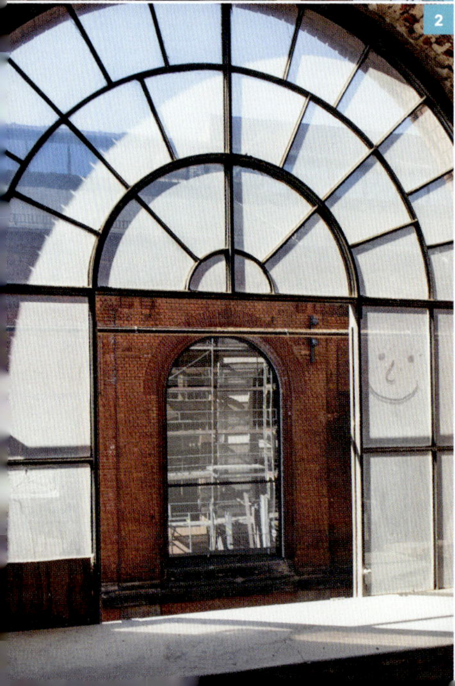

2

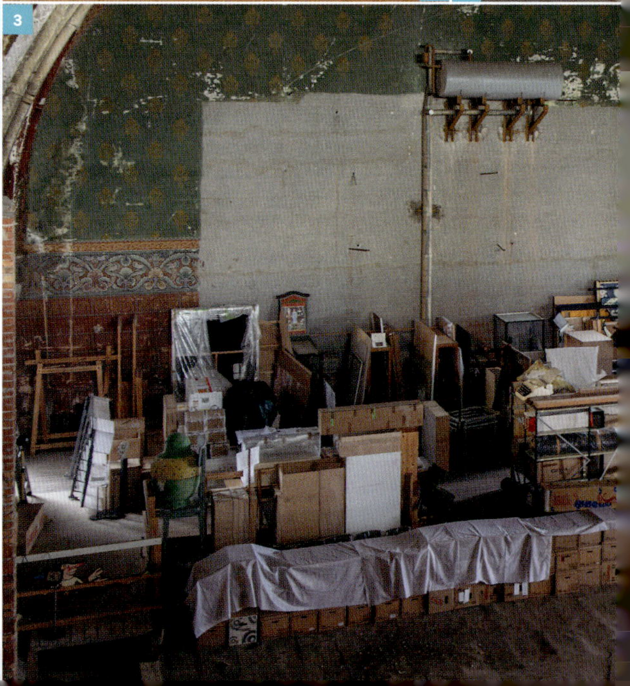

3

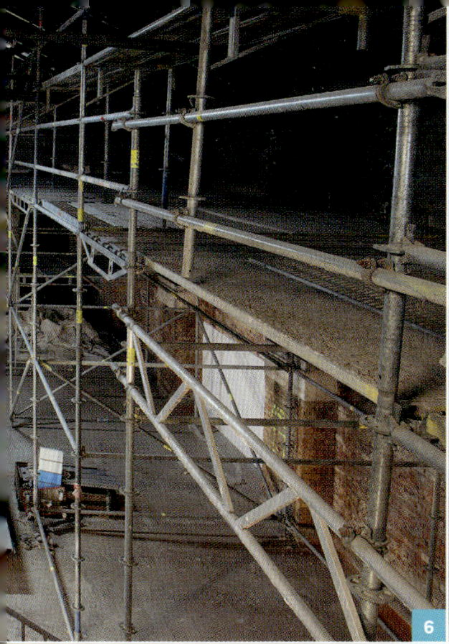

6

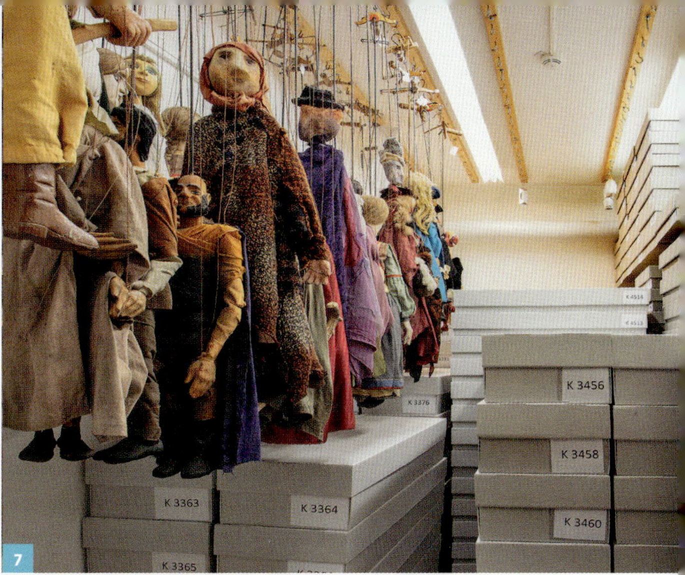

7

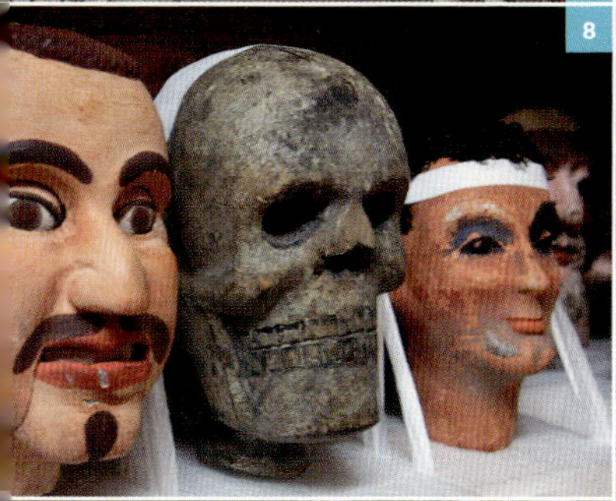

8

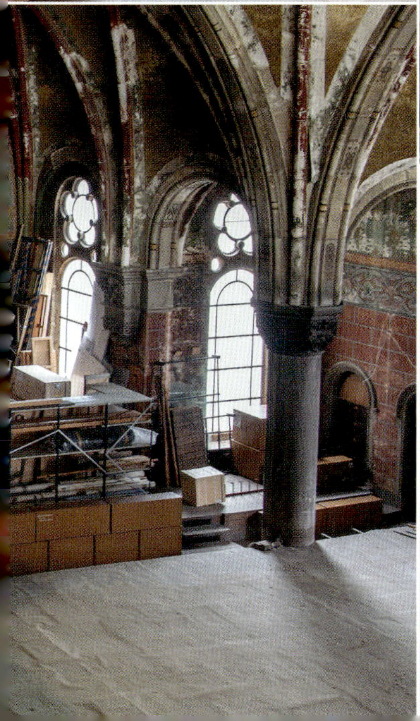

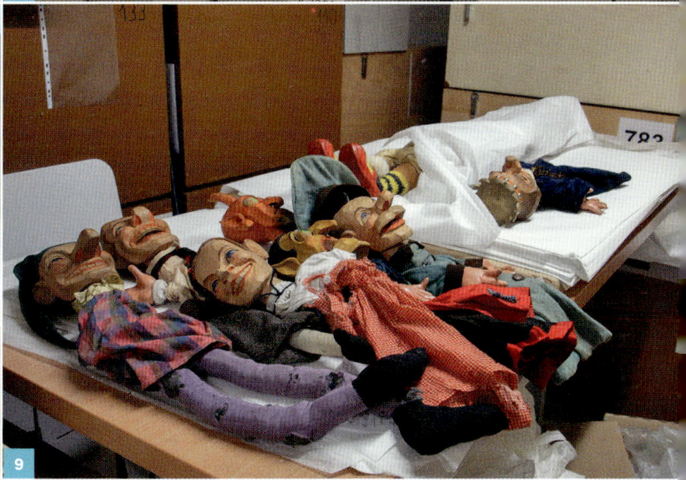

9

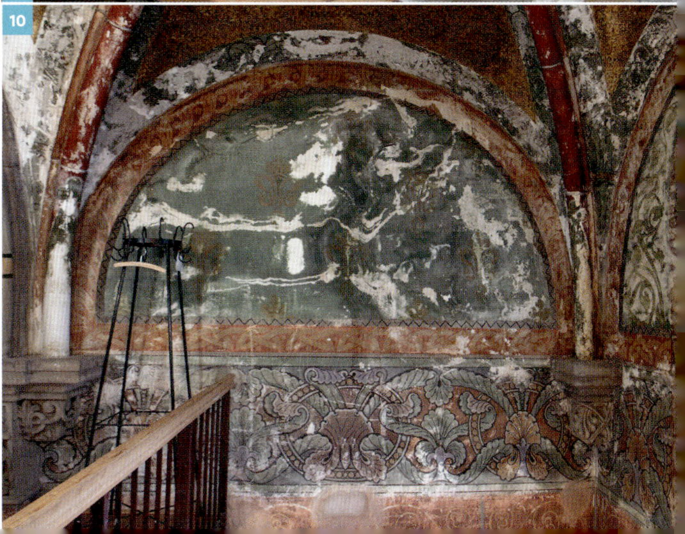

10

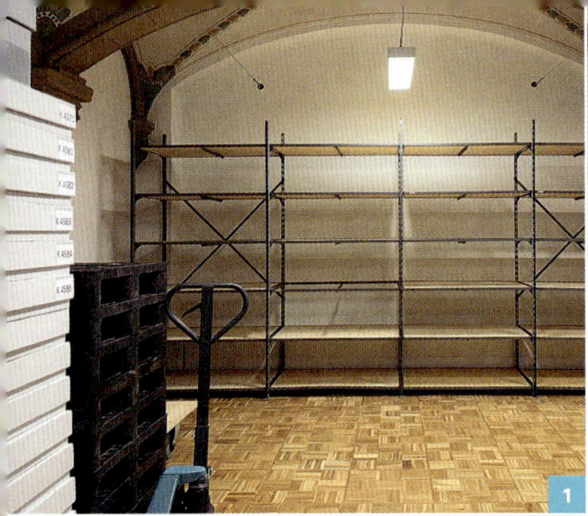

1

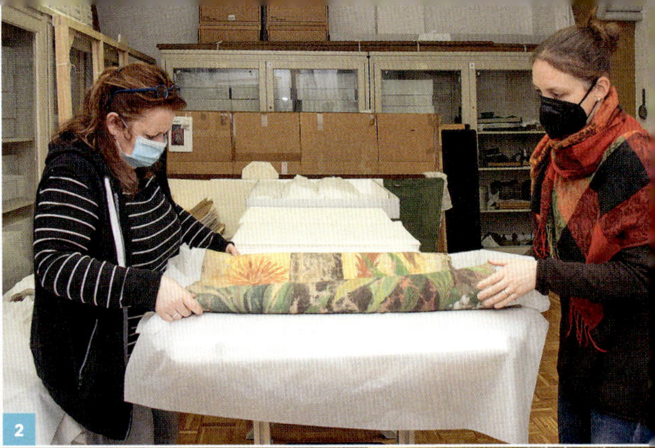

2

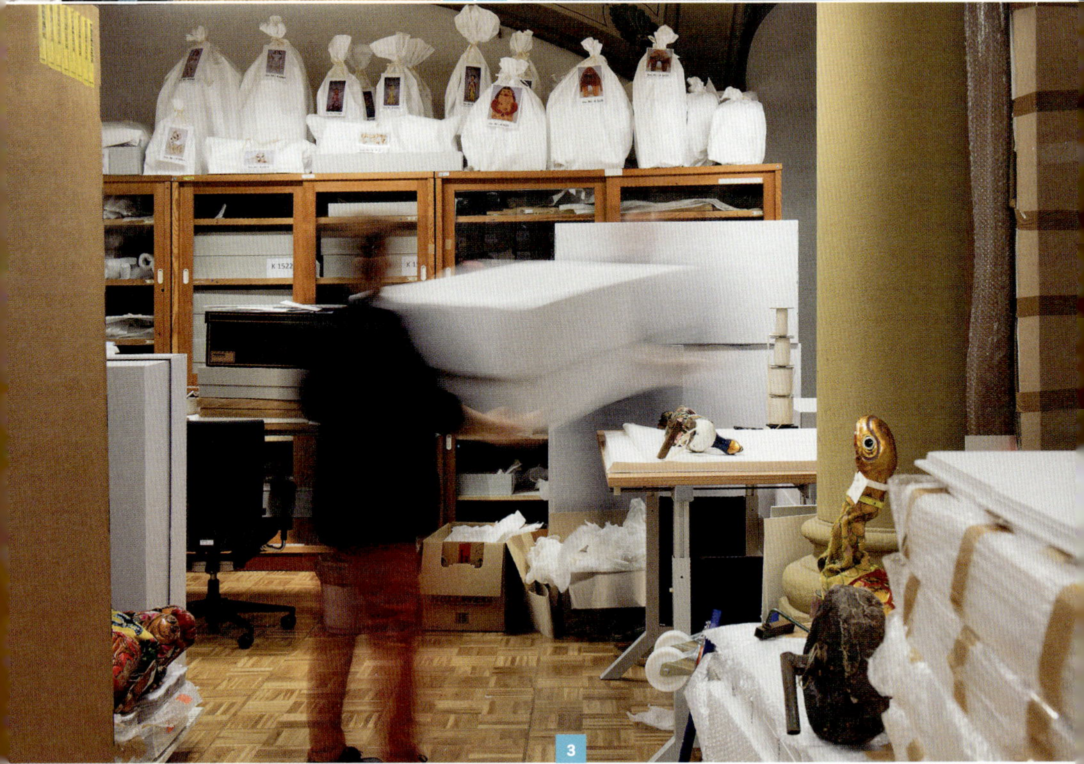

3

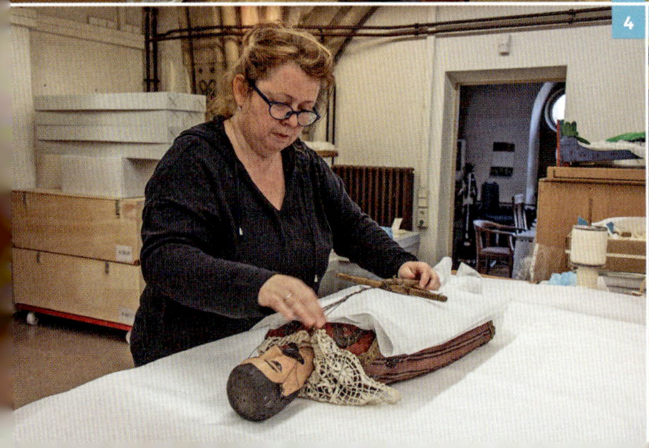

4

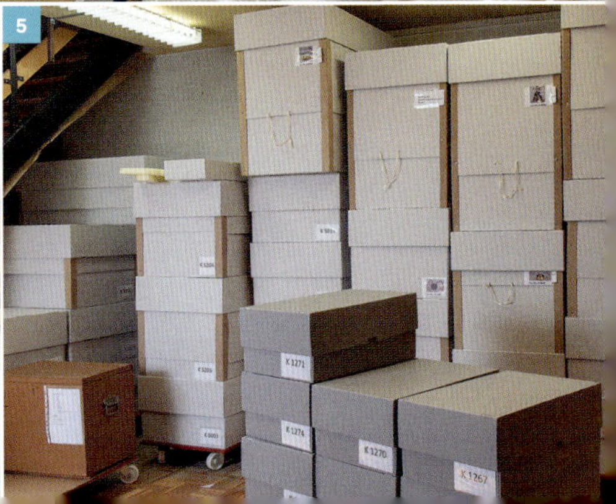

5

1 Geleertes Depot in der Garnisonkirche · 2022

2–5 | 10 Verpacken des Kunstgutes in der Garnisonkirche · 2020–2022

6 | 11 Eingerichtetes Depot im Kraftwerk Mitte · 2024

7 Innenansicht der Kranhalle · 2024

8 | 9 Depots in der Garnisonkirche · 2022/24

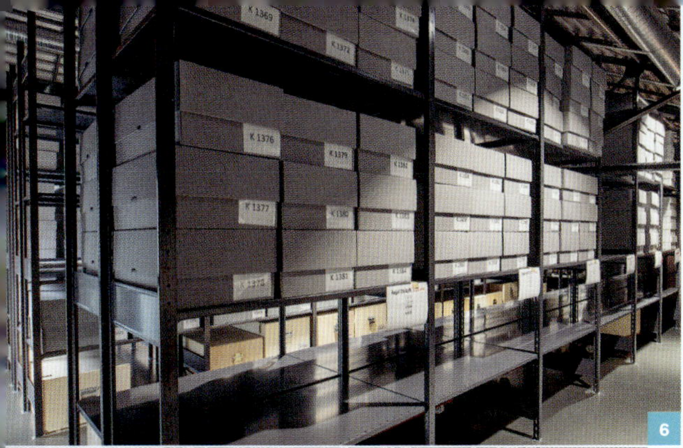

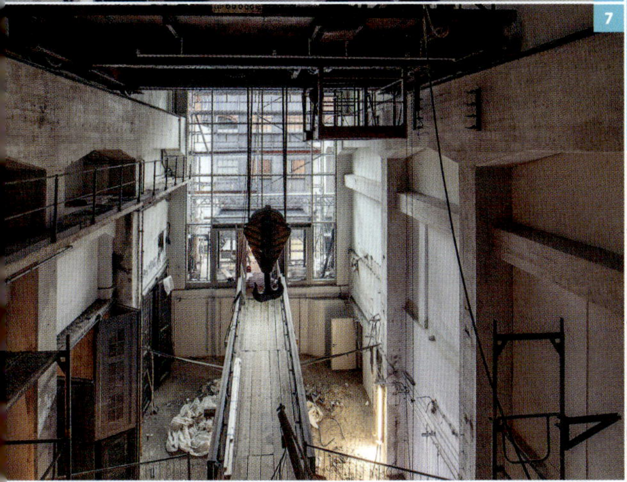

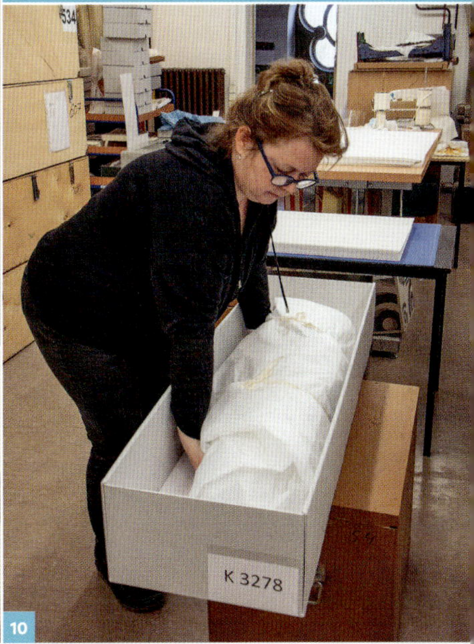

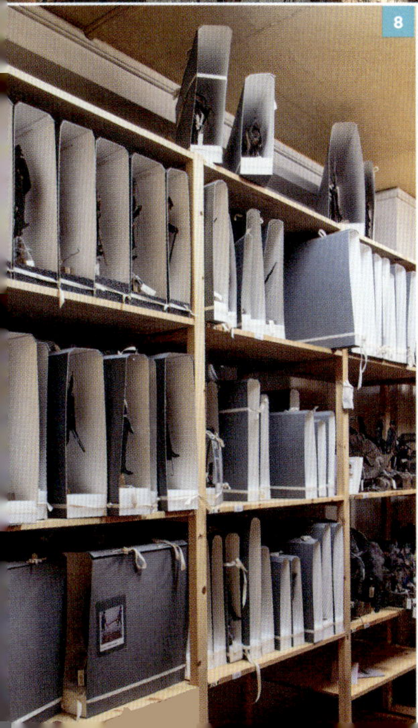

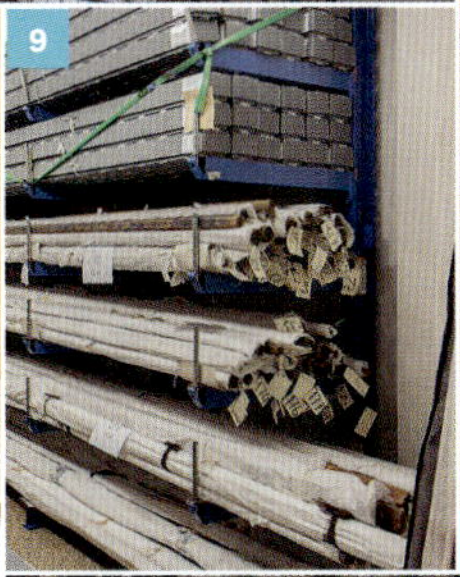

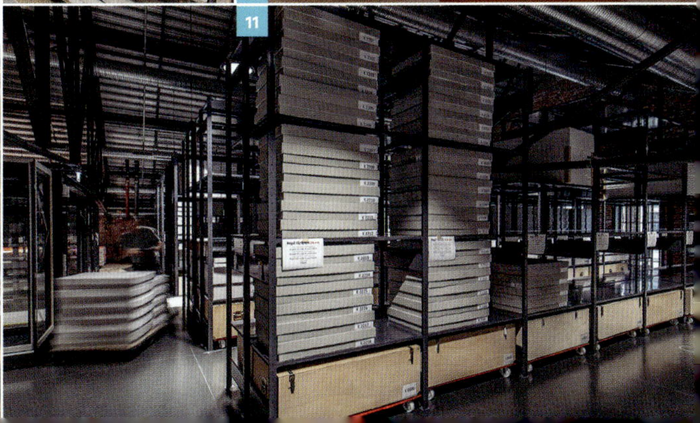

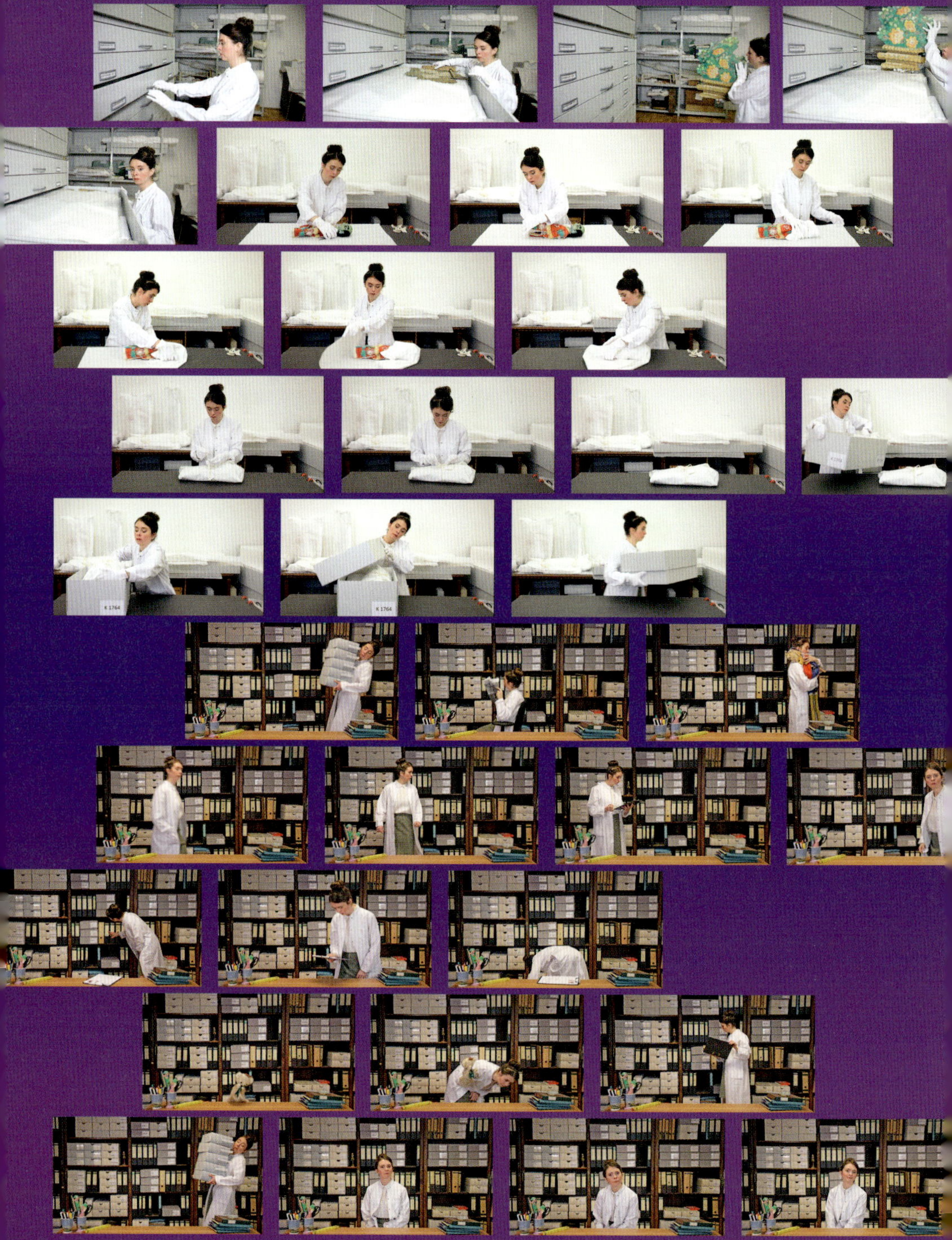
K 1764
K 1764

Von der **Puppe** aus denken

Kriterien und Konzepte für die Ausstellungen der Puppentheatersammlung am neuen Standort

Kathi Loch

Die Eröffnung der Puppentheatersammlung im Kraftwerk Mitte bedeutet für eine der weltweit bedeutendsten Sammlungen ihrer Art einen kompletten Neuanfang. Die Sammlung muss und darf sich am ehemaligen Industriestandort neu erfinden – als museale Institution und vor allem als öffentlicher Ort. Sie agiert zudem als Akteurin in gleich mehreren Kontexten: innerhalb des Museumsverbundes der Staatlichen Kunstsammlungen Dresden, innerhalb der vielfältigen Dresdener Museumslandschaft, als Mieterin auf dem Kraftwerk Mitte-Areal mit seinen ganz unterschiedlichen Nachbarinnen und Nachbarn aus der Kultur- und Kreativbranche und der Gastronomie sowie im Netzwerk der nationalen und internationalen Puppentheaterszene. Entsprechend vielfältig sind auch die Funktionen, die der neue Ort haben wird: Er wird in erster Linie »Heimat« für die Sammlung werden, aber auch Anlaufstelle für Forschende und Fachbesucher*innen und – ganz zentral – Ausstellungsort.

Letztere Funktion wird vor allem in der Ausstellungshalle des Gebäudes umgesetzt. Sie ist Teil einer ursprünglich größeren Halle, von der circa ein Drittel der Fläche für ein Depot, das Archiv, die Bibliothek, Büros und Werkstätten abgetrennt wurde – mit dem vorteilhaften Resultat, dass öffentliche Bereiche und Teile des »Hinterlandes« direkt aneinandergrenzen. In die verbliebene Halle wurde eine Plattform, der sogenannte Tisch, gesetzt, um zwei Ebenen zu schaffen. Nun stehen im 1. Obergeschoss (neben und unter dem Tisch) circa 600 m² und im neu geschaffenen 2. Obergeschoss (auf dem Tisch) circa 300 m² Ausstellungsfläche zu Verfügung.

1
Filmstills aus den Videos mit der fiktiven Sammlungsmitarbeiterin Lotte · 2024

Die Bespielung dieser Bereiche spiegelt das Selbstverständnis der Sammlung und prägt ihr Bild nach außen. Bevor daher Entscheidungen über das konkrete Ausstellungsgeschehen getroffen werden konnten, galt es, Grundlagen zu benennen, die allen zukünftigen Projekten in diesen Räumen zugrunde liegen sollen; es sind die folgenden fünf:

Dynamik und Veränderbarkeit
Es soll die Möglichkeit geben, immer wieder Neues auszuprobieren und zu experimentieren, mitunter sogar auf aktuelle Diskurse schnell zu reagieren. Es sollen immer wieder andere Objekte aus der Sammlung gezeigt werden, um der Größe der Bestände, der Dynamik des Sammelns, aber auch den konservatorischen Anforderungen gerecht zu werden. Eine sich regelmäßig verändernde Präsentation schafft außerdem Anreize für die Besucher*innen wiederzukommen.

Transparenz
Darunter wird die Offenlegung von kuratorischen Prozessen und ein offener Umgang mit Lücken (in der Sammlung und des Wissens), Grenzen, Widersprüchen etc. verstanden. Im Idealfall verstehen die Besucher*innen warum und von wem Entscheidungen getroffen wurden und es wird klar, dass selbst diejenigen, die die Sammlung intensiv beforschen, nicht alle Zusammenhänge rekonstruieren können. Der Blick ins Depot im 2. Obergeschoss macht den Besuchenden anschaulich klar, dass für die Ausstellungen nur ein kleiner Teil der Bestände ausgewählt wurde.

Komplexität
Eine komplexe Präsentation vermeidet Glättungen, Verharmlosung und Verniedlichung sowie konstruierte Linearität, zum Beispiel von historischen Entwicklungen. Sie stellt Komplexität als etwas dar, das sehr bereichernd sein kann.

Relevanz
Es ist nach der Bedeutung der Exponate über das Thema Puppentheater hinaus zu fragen und ein Bezug zur Lebensrealität der Besucher*innen herzustellen. Die Sammlung soll in ihrer Bedeutung erfahrbar werden; sie ist jedoch kein Selbstzweck: Es geht nicht nur darum, die Objekte zu zeigen, sondern auch darum, mit ihnen etwas zu zeigen – was das sein könnte, hängt selbstverständlich von der Fragestellung des konkreten Ausstellungsprojekts ab.

Angemessenheit
Jede Konzeption muss dem gerecht werden, was die Sammlung ist und kann – sowohl inhaltlich als auch in Hinblick auf die vorhandenen finanziellen, personellen und räumlichen Ressourcen.

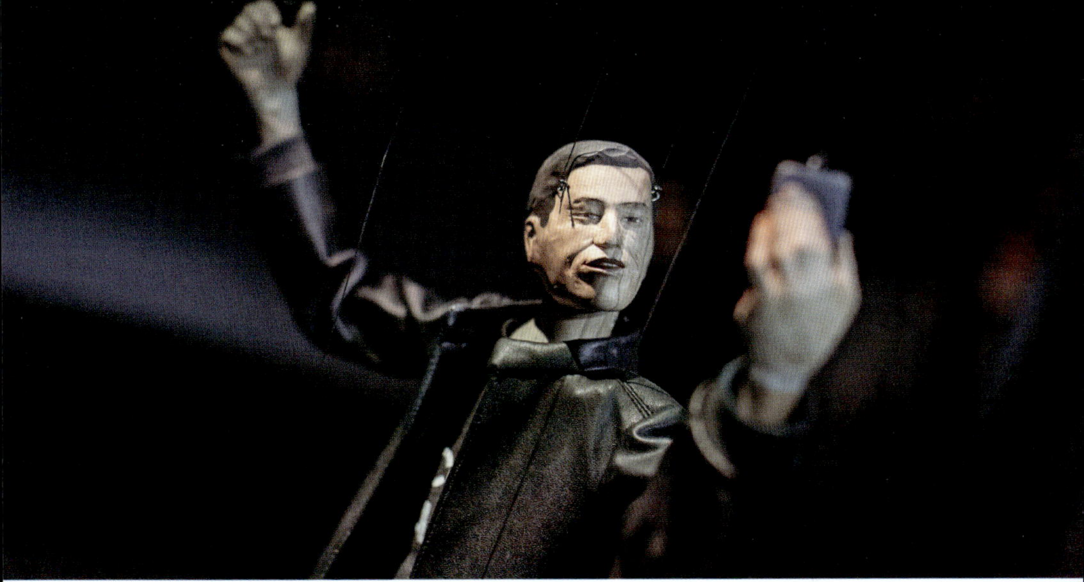

2
Christian Werdin für Rimini Protokoll (Helgard Haug/ Stefan Kaegi)
Elon Musk als Marionette, Installation für die Ausstellung »Alter Ego Raubkopie – Ein multimediales Puppenspiel in drei Räumen« · 2023 · Birkenholz und weitere Materialien · Puppentheatersammlung (Schenkung 2024 von MUSEIS SAXONICIS USUI – Freunde der Staatlichen Kunstsammlungen Dresden e. V.)

Betrachtet man auf Grundlage dieser fünf Kriterien den Charakter der Exponate, liegt es nahe, sich einige Strukturen des Theaterbetriebs für die Konzeption »auszuleihen«. Was würde beispielsweise daraus folgen, wenn man die Ausstellungsfläche als »Bühne« versteht?

Spielzeiten

Die meisten stationären Theaterbetriebe im deutschsprachigen Kulturraum sind in Spielzeiten organisiert, die jeweils vom Herbst bis zum Sommer dauern. Ableiten lässt sich daraus ein Jahresausstellungskonzept, also die Bespielung mit einer neuen »Inszenierung« pro Jahr. Die sommerliche »Spielzeitpause« dient zum Abbau der alten, zur Grundreinigung und zum Aufbau der neuen Präsentation. Das Konzept der Jahresausstellungen ermöglicht jedes Jahr einen neuen Blick auf die Sammlung und bietet jedes Jahr ein neues Besuchserlebnis.

Die leere Bühne

Die Theaterinszenierung geht üblicherweise vom leeren Raum aus: Ein neues Bühnenbild wird in eine »Blackbox« gesetzt und nach der Vorstellung (oder Vorstellungsserie) wieder abgebaut. Der Raum wird also jedes Mal »neu erfunden«, jede Inszenierung bekommt die räumliche Situation, die sie braucht. Entsprechend kann in der Ausstellungshalle jede Jahresausstellung »bei null« anfangen und einen ganz eigenen Charakter haben: installatives Format, klassischer Parcours oder etwas ganz anderes – hier kommt es ganz auf die Setzung des jeweiligen künstlerisch-kuratorischen Teams an.

Erlebnischarakter

Eine Theateraufführung kann auch eine Bildungsveranstaltung sein, aber sie bietet vor allem ein Live-Erlebnis. Das sollte auch das Ziel der Jahresausstellungen sein, und zwar mit der Besonderheit, dass die »Ausstellungsbühne« ein großes Potenzial für immersives Erleben hat: Hier bleiben die Besucher*innen nicht vor der Bühne sitzen, sie dürfen auch den Backstagebereich betreten. Schon im Foyer des neuen Standorts durchqueren sie das Proszenium eines traditionellen Marionettentheaters und treten damit symbolisch in den Raum hinter der Bühne ein. Mit dem Besuch der Ausstellung findet kein absolutes Eintauchen in die Welt einer Inszenierung statt. Innerhalb der Schau kann es immer wieder Zonen, Räume oder Momente geben, in denen die Besucher*innen eine Distanz zum Erlebten gewinnen können. Sie treten dabei in ein veränderbares Szenario ein: Die Menschen werden Teil des Ausstellungsgeschehens und beeinflussen es durch ihre pure Anwesenheit, durch Interaktionen, durch Spielzüge etc.

Gemäß den gesetzten Parametern wird nun auf der unteren Ebene der Ausstellungshalle jedes Jahr ab Herbst eine neue Ausstellung präsentiert, die unterschiedliche Aspekte des Themas »Puppentheater« und damit immer neue Facetten der Sammlung zeigt. Hier werden Geschichten erzählt, die für das Publikum interessant sind und die kulturhistorische Bedeutung des Puppentheaters in eine Beziehung zur Gegenwart setzen. Jedes Jahr wird dafür ein neues kuratorisch-künstlerisches Team zu Gast sein, das mit seinen spezifischen Fragen an die Sammlung herantritt und aus seiner eigenen Perspektive auf die Bestände blickt. In der »Eröffnungsspielzeit« 2024/25 ist dies die Theatergruppe Rimini Protokoll.[1] Sie fragt sich, ob die Puppe, verstanden als Avatar, nicht das Prinzip digitaler Doppelgänger vorwegnimmt, die sich beliebig manipulieren lassen bzw. ein unkontrollierbares Eigenleben entwickeln können (Abb. 2). Für das Folgejahr (Spielzeit 2025/26) ist ein Projekt mit dem Künstler William Kentridge und dem von ihm gegründeten »Centre for the Less Good Idea« geplant. Darin werden sich junge südafrikanische Künstler*innen aus unterschiedlichen Disziplinen mit dem Prinzip der Animation auseinandersetzen. Hier zeigt sich, dass es das große Potenzial der Jahresausstellungen sein kann, bei der Sammlung und ihren Objekten zu starten, um dann über sie hinaus zu denken.

Die Jahresausstellungen, die sich in erster Linie an erwachsene Besucher*innen richten, sollen dynamisch sein, neue (Denk-)Räume eröffnen und unabhängig vom eigenen Wissensstand und vorausgehenden Erfahrungen mit dem Genre Puppentheater von Interesse und verständlich sein. Komplementär dazu verhält sich die Basis-Ausstellung auf der oberen Ebene der Ausstellungshalle: Sie bietet eine unterhaltsame und informative (Erst-)Begegnung mit dem Phänomen Puppentheater und der

Dresdener Puppentheatersammlung sowie mit der Institution Museum. Kinder ab dem Grundschulalter werden hier ebenso angesprochen wie Erwachsene, (Schul-)Gruppen und Einzelbesucher*innen. Die Basis-Ausstellung ist dauerhaft installiert, damit die wichtigsten Informationen zum Puppentheater und zur Sammlung immer verfügbar sind und vor allem Lehrer*innen mit ihren Gruppen auf ein vertrautes Setting zurückgreifen können. Gerade jungen Gästen soll außerdem ermöglicht werden, eine langfristige Bindung zu bestimmten Protagonist*innen aufzubauen, die sie immer wieder in der Ausstellung besuchen können.

Die Basis-Ausstellung wurde zusammen mit dem Amsterdamer Büro Kossmanndejong entwickelt, das sich auf die Schaffung von »narrativen« Räumen spezialisiert hat, die in der Regel generationsübergreifend funktionieren, also alle Altersgruppen adressieren und den unterschiedlichen Vorlieben bei der Rezeption von Inhalten gerecht werden. Während einige lieber Texte lesen, brauchen andere vielleicht eher einen haptischen oder visuellen Zugang zum Thema. Es gibt also viele Wege, um in dieser Ausstellung zum Ziel zu gelangen und sich einen Überblick über die Vielfalt des Genres Puppentheater und der Bestände der Dresdener Sammlung zu verschaffen. Den Besucherinnen und Besuchern ist es selbst überlassen, in welchem Modus sie sich den Inhalten annähern möchten. Durch selbstständiges Stöbern sind grundlegende Informationen zu den Objekten und Vertiefungen zu den Kontexten, aus denen sie stammen, sowohl analog als auch digital (über den Multimedia-Guide auf dem eigenen mobilen Endgerät) abrufbar. Es gibt keinen festgelegten Parcours durch den Raum, die Fokussetzung erfolgt ganz nach eigenem Interesse.

Mehr vorgegebene Struktur bietet der Spielmodus: Gleich beim Betreten der Ausstellung werden die Besuchenden von einem Videoscreen aus durch Lotte begrüßt – eine fiktive wissenschaftliche Mitarbeiterin der Sammlung (Abb. 1). Lotte lädt dazu ein, sie bei ihrer Arbeit zu unterstützen, die darin besteht, zu Objekten, die in die Sammlung aufgenommen werden sollen, möglichst viele Informationen zu sammeln – denn ein wichtiges Anliegen der Sammlung ist, nicht nur Artefakte zu bewahren, sondern auch die Geschichten, die mit ihnen verbunden sind.[2] Die Besucher*innen können sich daraufhin eine von zehn Puppen aussuchen, zu denen sie dann im »Forschungsbereich« der Ausstellung recherchieren. Am Ende lässt sich mit einem ausgefüllten Forschungsbogen die Tür zu dem an den Ausstellungsbereich angrenzenden Depot freischalten – und die »Gastwissenschaftler*innen« erhalten einen Einblick in einen der Räume, in denen tatsächlich Objekte der Sammlung aufbewahrt werden. Nach dem Blick hinter die Kulissen des Puppentheaters wird damit auch ein Blick hinter die Kulissen des musealen Betriebs gewährt.

Der Forschungsbereich der Basis-Ausstellung gliedert sich in sechs Abteilungen, in denen jeweils unterschiedliche Forschungsfragen beantwortet werden:

Auf der Bühne
Welche Arten von Puppen gibt es? Welche Eigenschaften können sie haben und aus welchem Material wurden sie hergestellt? Wie funktioniert der Vorgang der Animation, durch den ein Ding lebendig wird, indem es atmet, guckt, sich bewegt? Und wenn jede Puppe durch eine*n Puppenspieler*in bewegt wird, wo befindet sie oder er sich?

Die Bühne
Welche Puppe braucht welche Art von Bühne? Welche unterschiedlichen Bühnenformen gibt es im Puppentheater? Welche Eigenschaften haben diese Bühnen? Und wie und wo spielt man Puppentheater auf dem Wasser?

Vor der Bühne
Für wen wurde und wird Puppentheater gespielt? Und mit welcher Intention? Was wurde und wird insbesondere für Kinder auf die Bühne gebracht? Handelt es sich um ein privates Vergnügen oder um eine professionelle Veranstaltung, mit der Geld verdient werden soll?

Hinter der Bühne
Wer waren und sind die professionellen Puppenspieler*innen? Wie lebten sie früher und wie wird der Beruf heute ausgeübt? Wer erforschte das Puppentheater als künstlerische Ausdrucksform und experimentierte damit?

Für die Bühne
Welche Themen und Stoffe werden im Puppentheater auf die Bühne gebracht? Welche Stücke werden inszeniert? Welche Rollen werden von den Puppen übernommen? Und lassen sich die Puppen als Typen oder als Individuen betrachten?

Nach der Bühne
Wann und warum entstand die Dresdener Puppentheatersammlung? Wie ordnet und bewahrt sie ihre Objekte? Wie speichert sie die Informationen darüber? Und wie stellt sie sicher, dass Objekte und Information auch wiederauffindbar sind?

Zusammengenommen bildet die Basis-Ausstellung also die technische und ästhetische Vielfalt des Puppentheaters ab, sie stellt verschiedene Kontexte und Praxen vor und präsentiert dazu einige »Stars« mit hohem Wiedererkennungswert, wie zum Beispiel den Hohnsteiner Kasper, den Sandmann aus dem Kinderfernsehen oder die Marionetten, die am Bauhaus entstanden. Sie soll, gerade bei den jüngeren Besucherinnen und Besuchern, Lust machen, Puppentheater anzuschauen, und die Wertschätzung für das Puppentheater als Kunstform steigern. Vielleicht inspiriert sie sogar dazu, selbst Puppen zu bauen und damit zu spielen, Figuren zu entwickeln und Geschichten zu erzählen. Den Ausgangspunkt dieser Ausstellungserfahrung bildet immer die Begegnung mit den Originalen – vorrangig mit Puppen, aber auch mit Bühnen, Dokumenten etc. Dabei muss von Seiten der Konzeption berücksichtigt werden, dass Originale in der Regel nur angeschaut, nicht aber berührt oder bespielt werden können, und dass sie ohne Eigenbewegung präsentiert werden müssen. Eine wichtige Frage ist daher, wie der direkte Kontakt zum Original durch Ersatzhandlungen kompensiert werden kann und wie die Originale, auch wenn sie nicht mehr in ursprünglicher Weise animiert werden können, zum »Sprechen« gebracht werden können. Die in der Ausstellung angewandten Strategien sind vielfältig: Es können Texte gelesen, Bilder und Videos angeschaut, Digitalisate in Bewegung gesetzt, aber auch extra für die Ausstellung anfertigte, robuste Objekte ausprobiert werden.

Die »neue« Puppentheatersammlung präsentiert sich also mit zwei sich ergänzenden Ausstellungen, die beide die Faszination des Genres transportieren und den Reichtum der Sammlung spürbar werden lassen. Immersive Erfahrungen und didaktischer Mehrwert erzeugen ein einfach zugängliches und spannendes Erlebnis – für Menschen, die das Puppentheater lieben, und für solche, die sich neugierig in eine für sie neue Welt vorwagen möchten.

1 Vgl. dazu auch den Beitrag von Markus Joss in diesem Heft. **2** Vgl. dazu auch den Beitrag von Sylvia Ludwig in diesem Heft.

Kathi Loch ist Direktorin des Museums für Sächsische Volkskunst und der Puppentheatersammlung, Staatliche Kunstsammlungen Dresden.

Puppenspiel mit Lotte

Bildung und Vermittlung in der Puppentheatersammlung

»Oh wirklich, wir dürfen die Puppen anfassen und testen? Das ist ja voll cool!«, rief Florian und damit begann die Geschichte zwischen den Schüler*innen einer 3. sowie 4. Klasse des Förderzentrums Sprache Dresden und den sogenannten Lotte-Puppen. Das sind vier extra für die Besuchenden angefertigte Puppen, die zum eigenständigen Spielen und sinnlichen Erfahren in der Basis-Ausstellung der Puppentheatersammlung in Auftrag gegeben wurden. Die Puppen stellen ein und denselben Charakter in unterschiedlichen Figurenarten dar. Benannt ist dieser nach der Scherenschneiderin, Silhouetten-Animationsfilmerin und Buchillustratorin Lotte Reiniger (1899–1981). In der Puppentheatersammlung befinden sich circa 150 von ihr entworfene Objekte. Gefertigt hat die Puppen der Radebeuler Puppenbauer und -spieler, Autor sowie Regisseur Rainer Schicktanz. Er entwarf eine Handpuppe, eine Marionette, eine Tischpuppe sowie eine Stabfigur und führte diese vornehmlich in Holz aus. Von den Schüler*innen wurden alle vier Puppen intensiv gespielt, getestet und für sehr gut befunden. Es wurde aber auch deutlich, dass im Laufe der angedachten stetigen Benutzung in der Basis-Ausstellung Schäden auftreten und Reparaturen einkalkuliert werden müssen.

Die Zusammenarbeit mit Zielgruppen – im besten Fall schon vor der Eröffnung einer Ausstellung – ist elementar und ein wichtiges Feedbackelement. Daher begann die Abteilung Bildung und Vermittlung gemeinsam mit der Puppentheatersammlung bereits im Planungsprozess der Basis-Ausstellung zunächst prozessorientiert und ergebnisoffen innerhalb eines Open Space mit zwei Fokusgruppen aus dem Förderzentrum Sprache Dresden zusammenzuarbeiten. An dieser Schule lernen Kinder, die einen sonderpädagogischen Förderbedarf in den Bereichen Laut- und Schriftsprache, Wahrnehmung, Hörverarbeitung und Motorik[1] aufweisen. Zielstellungen eines ersten Treffens mit den Kindern waren das gegenseitige Kennenlernen, das Entwickeln eines Bewusstseins für die Sammlung und bereits ein erster intensiver Praxistest der Lotte-Puppen. Danach entwickelten die Schüler*innen im Unterricht als auch während eines gemeinsamen Brainstormings in der Schule Ideen für eine direkte Partizipation. Vor allem im Hinblick auf die zukünftige mediale Vermittlung in der Ausstellung bestätigten die Kinder die Überlegungen des Ausstellungsteams, brachten aber auch neue Impulse ein: Sie wünschten sich Videos, die von den Erlebnissen der Puppen berichten, einen Film, in dem das Spielen der verschiedenen Puppenarten erläutert wird als auch eine Art Entdeckerbogen für Kinder. Als Quintessenz wurden zwei bzw. drei Projekte in den Fokus gerückt. Die 3. Klassenstufe erarbeitete eine Kindertour für den Multimedia-Guide. Die 4. Klassenstufe

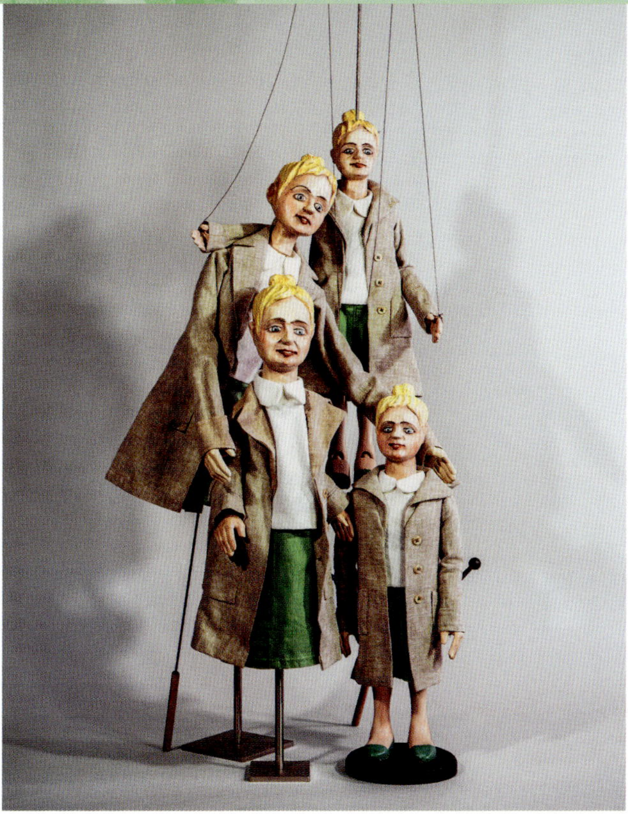

Rainer Schicktanz
»Lotte«-Figuren · 2022 · Baumwollstoff, Holz, Metall (nur bei der Stabpuppe) · verschiedene Maße · Puppentheatersammlung, Inv.-Nrn. Mp 108, Mp 109, Mp 110, Mp 111

verfasste Video-Tutorials, in denen die Spielweise der vier Lotte-Puppen erläutert werden, sowie Interviews mit vier Puppen der Basis-Ausstellung. Für die Erstellung der Tutorials, welche in der Präsentation den Besuchenden gemeinsam mit den Lotte-Puppen zur Verfügung stehen, übten die Schüler*innen unter Anleitung einer Puppenspielerin auch das korrekte Führen der unterschiedlichen Puppenarten.

Das für den eigenständigen Besuch der Basis-Ausstellung entwickelte interaktive Spiel testeten die Kinder ebenfalls. Bei diesem Spiel wählen sich die Besuchenden aus zehn Beispielobjekten eines aus und unterstützen die fiktive wissenschaftliche Mitarbeiterin Lotte (vgl. Abb. S. 34), indem sie mit einer Art Objekt-Erfassungsbogen die sechs Forschungsabteilungen der Ausstellung entdecken. Ziel ist es, die fehlenden Angaben über das Objekt im Erfassungsbogen zu vervollständigen. Haben die Spielenden alles ausgefüllt, erhalten sie Zugang zu einem separaten Raum mit Blick in das tatsächliche Depot und werden von Lotte verabschiedet. Sylvia Ludwig

1 Vgl. Uwe Hempel, Home, online unter https://www.fz-sprache-dresden.com (5.2.2024).

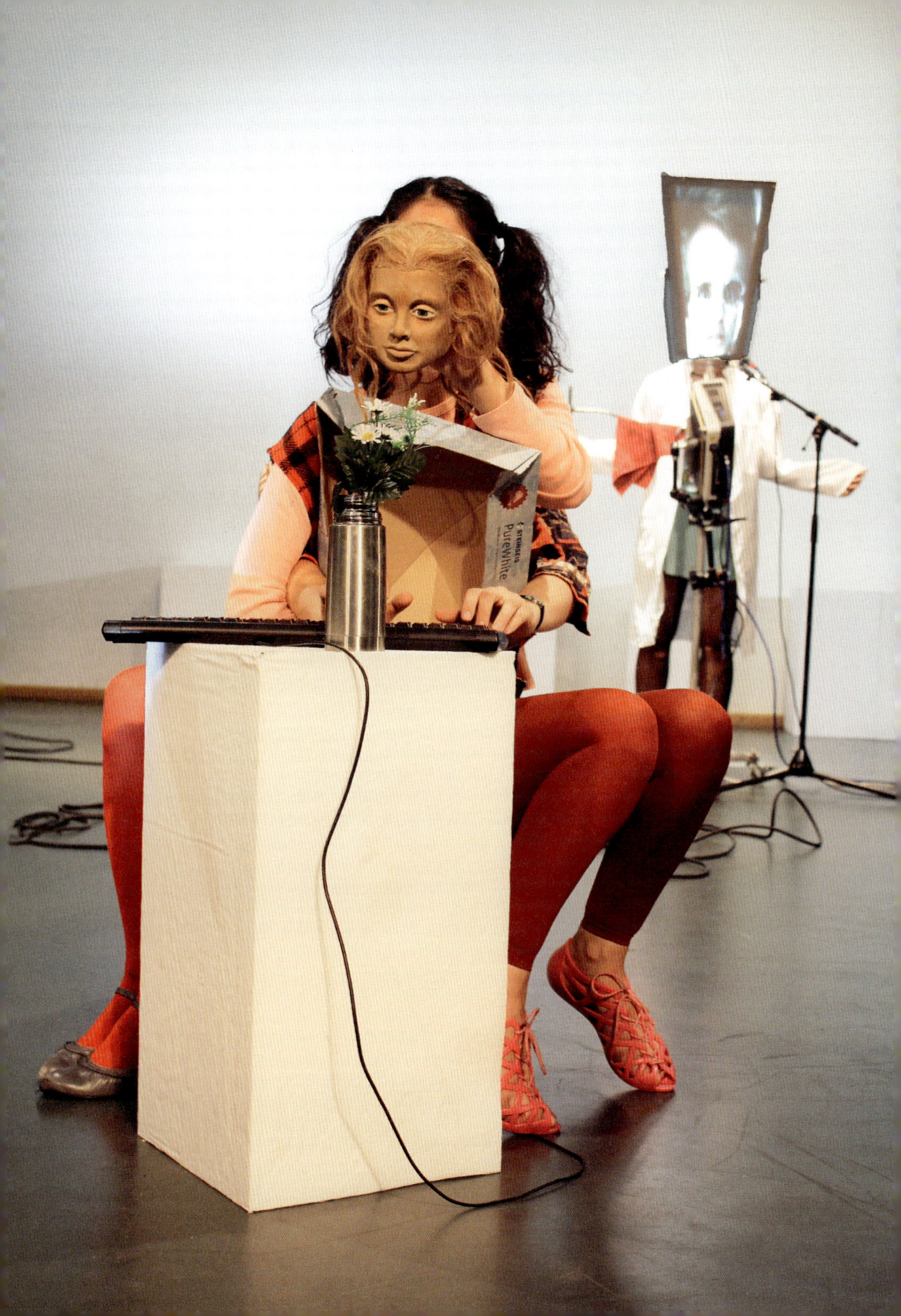
STEINBERG
PureWhite

Vom Fundus zum Depot

Puppen spielen versus Puppen ausstellen

Markus Joss

Immer hängt an der Puppe eine Spielerin oder ein Spieler dran. Mal oben, mal unten. Mal stellt er oder sie sich hinter die Puppe und greift mit spitzen Fingern nach filigranen Stäben, mal schieben sich gleich mehrere Spieler*innenhände in den Puppenleib hinein. Die Spieler*innen okkupieren und penetrieren die Puppe. In diesem brachialen Vorgang liegt zugleich die Möglichkeit, sich von der Puppe inspirieren zu lassen. Die Puppe zeigt den Spielenden, was sie will und was sie braucht. Die Spieler*innen bewegen ihren Körper hin zur Puppe. Wie jedes Werkzeug schreibt sich die Puppe in den Körper der Spielenden ein und formatiert ihn. Die Dialektik dieses Vorgangs ist die Voraussetzung für eine gelingende Beziehung (Abb. 1).[1]

Die Puppe erfordert von den Spielerinnen und Spielern eine bestimmte Art sie zu führen, darauf wiederum muss die Bühnensituation angepasst sein. Und aus dem Zusammenspiel dieser Elemente ergibt sich die Spielweise, die mehr als eine technisch spezifische Handhabung ist. Unzählig sind die Beispiele, bei denen sich erst in der Probearbeit, im freien Suchen nach Spielformen, das Verhältnis der beiden Protagonisten klären ließ. Die Spielweise bestimmt die Art, wie eine Geschichte erzählt werden kann und welche Elemente dazu aufgerufen werden und wie dieses miteinander agieren.

Aus der Perspektive des Puppentheatermachers sei gefragt: Wie kann der Spieler bzw. die Spielerin in einer Sammlung oder in einer Ausstellung sichtbar gemacht werden? Wie kann die Leerstelle – des bzw. der abwesenden Spieler*in – und damit die Beziehung zur Puppe ausgefüllt werden? Oder braucht es das gar nicht? Reicht eine Vitrinenpräsentation, ähnlich von Präparaten in Schauvitrinen in Naturkundemuseen, um eine Interaktion mit der Puppe darstellen zu können?

1
Szenenstudium »Hybride Formen« an der Hochschule für Schauspielkunst Ernst Busch · 2016

Es ist also nach Lösungen zu suchen, wie das Abwesende sichtbar gemacht werden könnte. Und außer den Spielerinnen und Spielern gehört gleich noch eine Menge anderer Akteure zur kompletten Darstellung. Materielle wie immaterielle. Die Rechtfertigung speist sich aus der These, dass erst das Verständnis für das Zusammenspiel von Puppe und Spieler*in die Puppe vermittelt, was eine ästhetische und soziale Praxis des Ausstellens mit sich zieht. In der neuen Basis-Ausstellung der Dresdener Puppentheatersammlung werden beispielsweise in allen Themenbereichen nicht nur die Objekte der Sammlung im Fokus stehen, sondern auch die »aktive« Zeit der Figuren. Umgesetzt werden soll dies unter anderem mittels Fotografien, Dokumenten und Filmausschnitten. Aber auch die erste Jahresausstellung der Dresdener Puppentheatersammlung setzt sich mit dieser Thematik auseinander. Bei der von der Künstlergruppe Rimini Protokoll in Kooperation mit der Hochschule für Schauspielkunst Ernst Busch (HfS), Abteilung Zeitgenössische Puppenspielkunst, gestalteten Ausstellung »Alter Ego Raubkopie« entsteht eine immersive und multimediale Installation, bei der das Publikum einen Parcours aus mehreren Räumen durchläuft und dabei in den Bann einer automatisierten Inszenierung gerät, in der das Puppentheater als Metapher für eine digitale Welt voller unsichtbarer Fäden begriffen wird (Abb. 2, vgl. auch Abb. S. 37). Der Mythos der autonomen Puppe, die gegen ihren Schöpfer und Spieler rebelliert, lässt sich hier also durch die Geschichte des Puppentheaters beobachten.

Der Ansatz eines kontextgebundenen und praxisorientierten Blickes auf die Objekte fragt nach der jeweiligen Einbindung dieser Objekte in Netzwerke mit allen ästhetischen, sozialen und ökonomischen Komponenten. Fragen nach Verfügbarkeit von Material, nach finanziellen und zeitlichen Ressourcen bei der Herstellung, nach Handhabung in der ästhetischen Praxis einerseits und Fragen die sich rund um Verkauf, Überlassung, Zweitverwertung nach dem aktiven »Puppenleben« auf der Bühne stellen, sind wichtig für das Verständnis der Besucher*innen mit Blick auf die Puppe. Dazu kommen die Fragen nach der Gestalt der Puppen im engeren Sinne: Was stellen sie dar, auf was verweisen sie, wie wird mit Typisierung umgegangen usw. Der Blick der Besucher*innen geht hier nicht auf einzelne Artefakte, sondern auf das Netzwerk und die Diskurse und die Art, wie sie darin eingebunden wurden.[2]

Wie kann all dies aber dargestellt werden? In der Ausstellung, diesem sichtbaren Teil einer Sammlung, können Geschichten erzählt werden. Dass der historische Puppenspieler in persona eingeht in die Sammlung, ist nicht möglich. Welche Hinweise und Artefakte neben der Puppe braucht es also, um den Besucherinnen und Besuchern die lebendige Idee von einer historischen Aufführungspraxis zu geben?

Die Überlegung, dass dies überhaupt notwendig sei, leitet sich aus der Aufgabe des Autors ab, »seinen« Studierenden der zeitgenössischen Puppenspielkunst an der Berliner HfS Ernst Busch[3] ein Verständnis davon zu

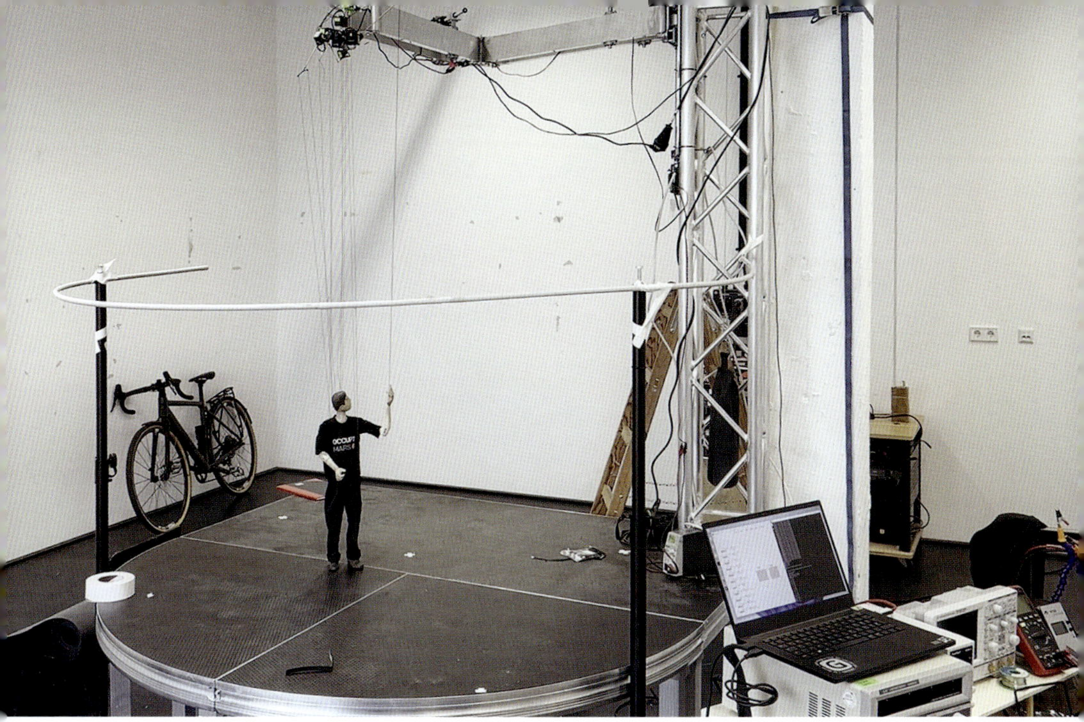

2
Bauphase des Roboterarms und der Marionette für das Stück »Alter Ego Raubkopie « der Künstlergruppe Rimini Protokoll an der Hochschule für Schauspielkunst Ernst Busch · 2024

vermitteln, in welchen Traditionslinien und den damit verbundenen Praktiken von Kunstproduktion sie stehen. Denn der Bezugspunkt der heutigen Studierenden – und damit den angehenden Spielerinnen und Spielern – beim Besuch einer Puppensammlung, etwa in Dresden, ist eigentlich nicht die Puppe in der Sammlung, sondern die Puppenspieler*innen, die diese Puppen einst im Gebrauch hatten. Was die Studierenden in der Sammlung sehen, sind die Instrumente und Werkzeuge, die ihre »Vorgänger*innen« zum Erzählen von Geschichten und zur Sicherung ihrer ökonomischen und diskursiven Vorhaben genutzt haben. Die Puppentheatersammlung in Dresden ist also auch ein wichtiger Ort für die Lehre und die Entwicklung von Puppen und Spielobjekten. So wurden zum Beispiel zur Realisierung eines mechanischen Puppenspiels für den Alten Markt in Magdeburg durch den Werkstattleiter der Puppenbauwerkstatt an der HfS, Ingo Mewes, mehrere Recherchereisen zusammen mit Studierenden nach Dresden unternommen. Die umfangreiche Sammlung an Theatrum mundi-Figuren in den Depots wurde zur Inspirationsquelle sowohl für die Ästhetik wie auch für die Umsetzung technischer Details (Abb. 3). Die Dresdener Sammlung bietet mit ihrem umfangreichen Archiv eine reiche Wissensgrundlage zu unterschiedlichsten Thematiken. Dass auch in der neuen Basis-Ausstellung die Objekte durch Dokumente in einen Kontext gestellt werden, macht die Sammlung zu einem unverzichtbaren Wissensort für die Studierenden und künftige Puppenspieler*innen.

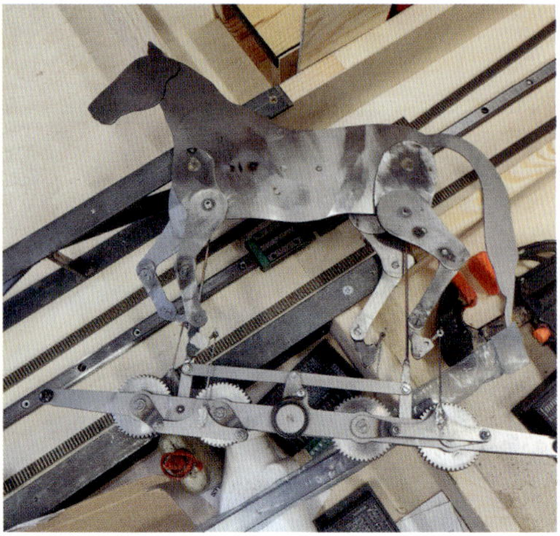

3
Ingo Mewes
Theatrum mundi-Figur, inspiriert von historischen Vorbildern in der Puppentheatersammlung · 2021 · Stahlblech · circa 17 cm (Schulterhöhe des Pferdes)

4
Puppenfundus der Hochschule für Schauspielkunst Ernst Busch · 2024

5
Depot der Puppentheatersammlung Dresden in der Garnisonkirche · 2020

Die eingangs geschilderte Szene von der Abwesenheit des Spieler*innenkörpers und seiner Art, wie er sich zur Puppe hinbewegt, markiert also nur *eine* Lehrstelle. Vom Spielkreuz – dem Interface zwischen Spieler:in und Puppe – bis zur Transportkiste, von der Reiseroute der Puppenspielerdynastien vergangener Tage bis zum Schriftverkehr über Spielorte und Abrechnungen, vom Schnitzmesser bis zur Garnrolle beim Puppenbau und natürlich der Bühnenaufbau selbst – dies alles ist nötig, um ein Verständnis für das Habitat zu entwickeln, in dem sich einst Puppe, Spieler*in und Zuschauende aufhielten und in denen die ästhetischen, sozialen und ökonomischen Interaktionen stattfanden. Dass die Puppentheatersammlung in Dresden in ihrem neuen Domizil mehr Raum bekommt, diese Kontexte der Öffentlichkeit anschaubar zu vermitteln, wird sie künftig noch attraktiver für die HfS machen.

Ortswechsel – der Fundus

Die Aufgabe von Sammlungen – wie der Dresdener Puppentheatersammlung – ist der Aufbau und Erhalt von Objekten, um das kulturelle Gedächtnis zu bewahren und in einem Dialog mit gesellschaftlichen Entwicklungen der Vergangenheit zu zeigen sowie diesen Dialog bis in die Gegenwart und als Möglichkeitsraum in die Zukunft fortzuschreiben.

Der Puppenfundus eines Theaters ist mit einem Depot einer historisch aufgebauten Puppensammlung (etwa im Museum) verwandt. In beiden gibt es eine Strategie zum Aufbau und zur Erhaltung. Es gibt Kataloge und Signaturen, Räume, Verwaltung und Öffnungszeiten. Um die Unterschiede zwischen Fundus und Depot herauszuarbeiten, seien modellhaft die Puppentheatersammlung in Dresden (Abb. 5) und der Puppenfundus der HfS Ernst Busch in Berlin (Abb. 4) angeführt. Anhand

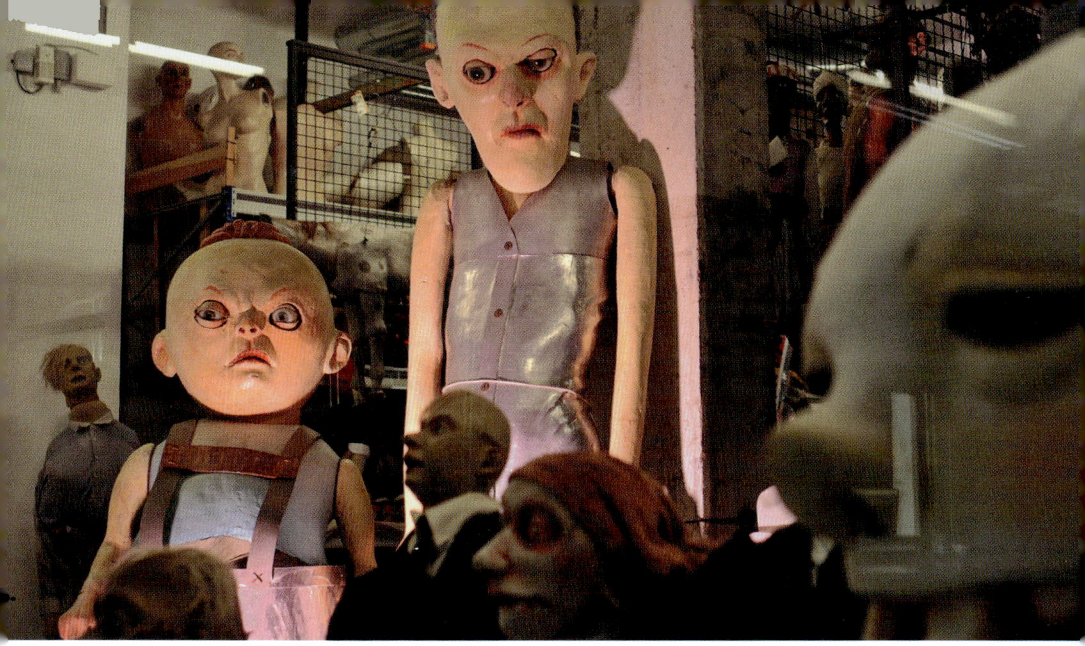

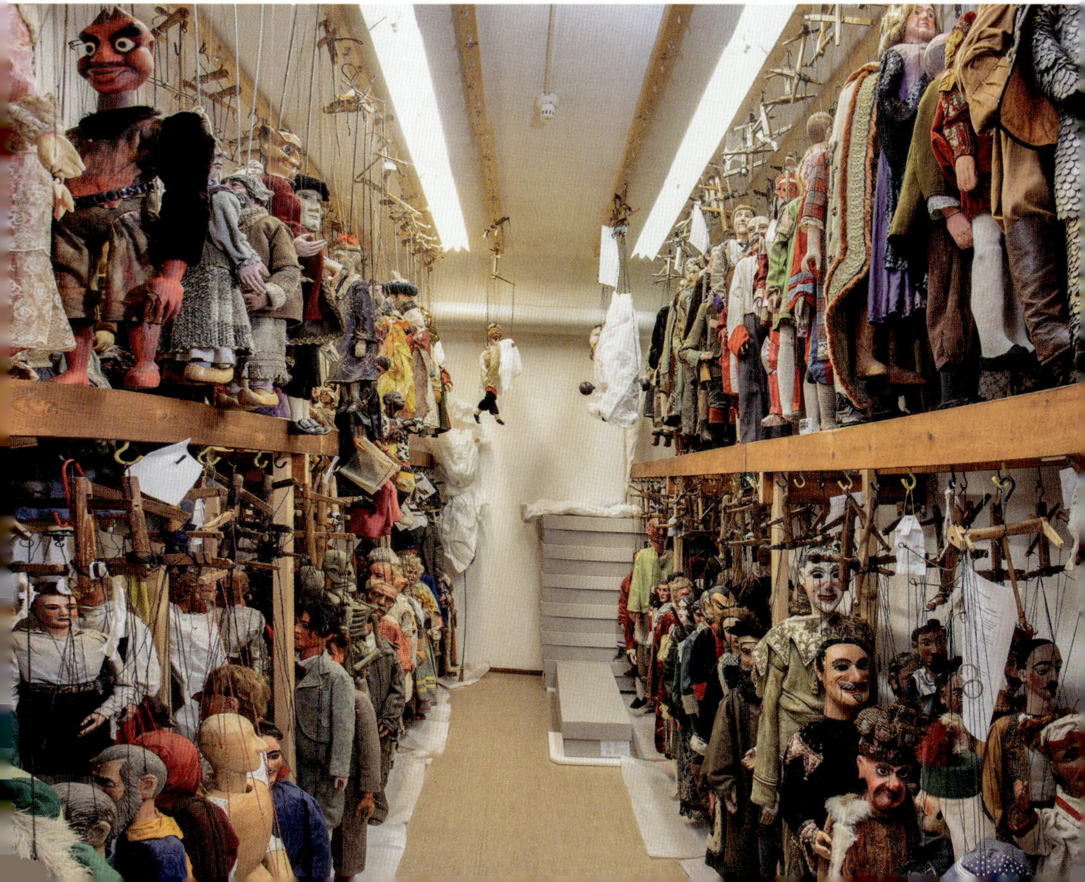

der beiden Orte sollen ein paar Denkfiguren skizziert werden, um die Differenz der jeweiligen Funktion und den damit verbundenen Praktiken herauszuarbeiten.

Der offensichtlichste Unterschied ist: »Bitte nicht berühren und nicht mitnehmen!« versus »Bitte anfassen und mitnehmen!« Der Fundus in seiner Wortbedeutung, aus dem Lateinischen kommend, bedeutet er Boden, Grund oder auch Hof. Er ist die Voraussetzung, dass etwas später auf der Bühne entstehen kann, und findet seine Rechtfertigung überhaupt erst darin. Der Fundus ist ein Versprechen auf Künftiges.

Der Fundus an der HfS ist aber auch eine Art Museum oder »Showroom«. Er hat funktionale wie auch repräsentative Aufgaben. Neben seiner eigentlichen Funktion, die Lehrmittel für das Studium bereitzuhalten, wird seine historische und repräsentative Funktion immer dann deutlich, wenn er für Führungen geöffnet wird. Gästen aus dem In- und Ausland, die sich für den Studiengang interessieren, wird der Fundus zum Beispiel am Tag der offenen Tür oder bei allen möglichen Jubiläen der HfS Ernst Busch gezeigt. Als ein neues Format können Interessierte sogar eine Führung durch den Fundus buchen.[4] Obwohl nur ein Bruchteil dessen zu sehen ist, was an Puppen in Gebrauch ist, sind häufig begeisterte Reaktionen zu erleben. Diese Eindrücke kann man sicherlich auch erleben, wenn man das Depot bzw. die Ausstellung einer historisch gewachsenen Puppentheatersammlung besucht. Auch hier ist nur ein Bruchteil der Sammlung gezeigt. Im Depot sichtbar sind die materiellen Objekte, keine wissenschaftlichen Recherchen und Inhalte. Die Bedeutung einzelner Objekte bleibt zumeist unsichtbar im Depot. Zusätzlich sind aufgrund der Lagerung die Objekte selten physisch zu sehen. Ausnahmen sind bewusst angelegte Schaudepots, die auf Verpackungen verzichten, aber zugleich die Quantität und Qualität der Sammlung zeigen können und keine Einzelobjekte in den Fokus stellen.

Im Gegensatz zu einer Sammlung gibt es in einem Fundus meist auch eine Ecke, die sich aller Ordnung entzieht. Resterampe und Kuriositätenkabinett. Fragmentierte Puppen oder Fragmente unvollendeter Projekte. Nicht selten sind sie Nukleus für Neues. Sind sie, bevor sie Puppe sind, dann schon eine Puppe? Auf jeden Fall sind sie als Artefakte Träger eines kulturellen Gedächtnisses, vergangene und aktuelle Spielpraktiken lassen sich daraus ablesen. Darin folgen sie den Anforderungen einer historisch gewachsenen Puppentheatersammlung. Aber ganz ohne Inventarnummer und Katalogeintrag – und vor allem ganz zu schweigen von restauratorischen oder konservatorischen Regeln im Museum. Denn mit dieser Art Restesammlung lässt sich ständig Neues zusammenbauen und Altes überschreiben.

Das wäre mit Objekten in einem Depot undenkbar. Vor allem in den neuen Museumsdepots soll auf »Unordnung« verzichtet werden und klare, durchaus als nüchtern zu bezeichnende Strukturen bestehen. Dies unterscheidet sich dann tatsächlich von einem Fundus. Nachdem die Entwicklung vom »Museum erleben« (sprich, mit dem originalen Puppentheater zeigen) hin zu neuen Standards für Objekte fortschritt, ist der Bestand an sogenannten museumspädagogischen Objekten gewachsen.[5] Dies sind teils extra angefertigte Figuren für Ausstellungen und Vermittlungszwecke oder Figuren, die von Schenkern bewusst für diese Verwendung freigegeben worden sind. Meist handelt es sich um Objekte, die bereits in der Sammlung vorhanden sind und keine historischen Unikate darstellen. Mit diesen Dubletten kann anders umgegangen werden, sie können für Projekte zur Verfügung gestellt werden und vor allem, sie können gespielt werden und die Interaktion zwischen Puppe und Spielenden begreifbar machen.

All diese Wechselspiele zwischen »Puppen spielen« versus »Puppen ausstellen« lassen an interessante Begegnungen der beiden Verwandten in Ausstellungsvorhaben und in der Vermittlungsarbeit denken. Das enge Geflecht zwischen der HfS Ernst Busch und der Dresdener Puppentheatersammlung bereichert sich hier also gegenseitig. Dass die Dresdener Sammlung für weitere Generationen von Puppenspiel-Studierenden ein inspirierender Ort bleiben wird, ist daher gewiss.

1 Wie sehr der aktuelle Diskurs in der Puppenspielkunst heute das Verhältnis von Spielenden und Puppen in den Fokus nimmt, zeigt sich u. a. darin, dass der Frage Forschungsprojekte, Symposien und Publikationen gewidmet werden. Eine umfassende Darstellung aktueller Positionen findet sich in Laurette Burgholzer, Beate Hochholdinger-Reiterer (Hg.), Uneins – Désuni – At odds. Identitätsentwürfe im Figurentheater, Berlin 2021. **2** Vgl. dazu Wolf-Dieter Ernst, Akteur-Netzwerk Theorie und Aufführungsanalyse in Methoden der Theaterwissenschaft, in: Christopher Balme, Berenika Szymanski-Düll (Hg.), Methoden der Theaterwissenschaft, Tübingen 2020, S. 153–168. **3** Hinweise zum Studium der Zeitgenössischen Puppenspielkunst an der HfS Ernst Busch finden sich unter https://www.hfs-berlin.de/studium/puppenspielkunst (15. 4. 2024). **4** Vgl. https://www.hfs-berlin.de/aktuelles/veranstaltungen/fuehrungen-durch-den-puppen-und-maskenfundus (15. 4. 2024). **5** Vgl. dazu auch den Beitrag von Sylvia Ludwig in diesem Heft.

Markus Joss ist Professor und Abteilungsleiter
der Zeitgenössischen Puppenspielkunst an der Hochschule
für Schauspielkunst Ernst Busch in Berlin.

Anna

Über das Leben einer Stabpuppe

Vor Handpuppen und Marionetten waren Stabpuppen die meistgespielte Figurenart in den Puppentheatern der DDR. Als vergrößerte Handpuppen waren sie – nach sowjetischem Vorbild – in größeren Theaterräumen von vielen Zuschauern gleichzeitig gut zu sehen. Sie hatten aber weder die groteske Wirkung von Handpuppen, noch das mitunter besondere Eigenleben von Marionetten mit ihrem vollständigen Körper. Stabpuppen schwebten meistens als freie Oberkörper ihren schwingenden Armen hinterher und ihre ausdrucksstarken Spieler mussten sich hinter einer Spielleiste verstecken. Dadurch wirkten die Aufführungen sehr elegisch.

1980 wurde der Autor dieser Zeilen gefragt, ob er für ein Szenenstudium an der Fachrichtung Puppenspiel der Staatlichen Schauspielschule Berlin drei Stabpuppen bauen könnte. Es ging um Szenen aus dem Stück »Der Bauch« von Kurt Bartsch. Peter Waschinsky hatte es zuvor in Neubrandenburg inszeniert. Es ist ein sozialkritisches Stück über die Selbstherrlichkeit kleiner Chefs, mit Musik von Henry Krtschil. Die drei Spieler waren Sabine Kriebisch, Ulrich Treu und Steffen Reck. Das Stück spielt auf einer eher unordentlichen Baustelle. Das Küchenmädchen Anna ist für jeden Spaß mit den Kollegen zu haben. Eines Tages erpresst sie jedoch den Kaderleiter und den Brigadier nacheinander mit einer vorgetäuschten Schwangerschaft und »organisiert« sich so das Baumaterial für ein eigenes Haus.

Um die Szenen schnell und lebendig spielen zu können, brauchten die Puppenspieler größere Aktionsmöglichkeiten. So bekamen die Puppen ihren Unterleib wieder und die Beine der Spieler*innen wurden zu den Beinen der Figur. Sie konnte sich nun frei im Raum bewegen und musste sich nicht mehr zur Hälfte verstecken. Dem Bewegungsdrang der Spielenden waren somit keine Grenzen gesetzt, bis hin zur Nichtbewegung als bewusste Szene.

Der lebensgroße Kopf wurde über ein bei Stabpuppen übliches einfaches Kipp-Dreh-Gelenk geführt. So konnte er über dem Kopf der Spielerin bzw. des Spielers gehalten werden, was die gesamte Figur in die Länge zog und damit skurriler machte. Die satirischen Texte wirkten durch diese Überhöhung noch drastischer. Die Stäbe zur Armführung fielen bei den Proben wieder weg. Es war sinnvoller, die Hände direkt zu führen.

Die Geschichte der Figuren wird auch über das Material, aus dem die Puppen bestehen, erzählt: Ihre Lebenswelt hat sie so durchdrungen, dass sie aussehen, als wären sie aus verschlissenem Beton. Die Puppen wurden dann aus Stahldraht gebogen, geknotet und gelötet, die Gesichter modelliert, abgegossen und mit grauem Pappmaché ausgedrückt.

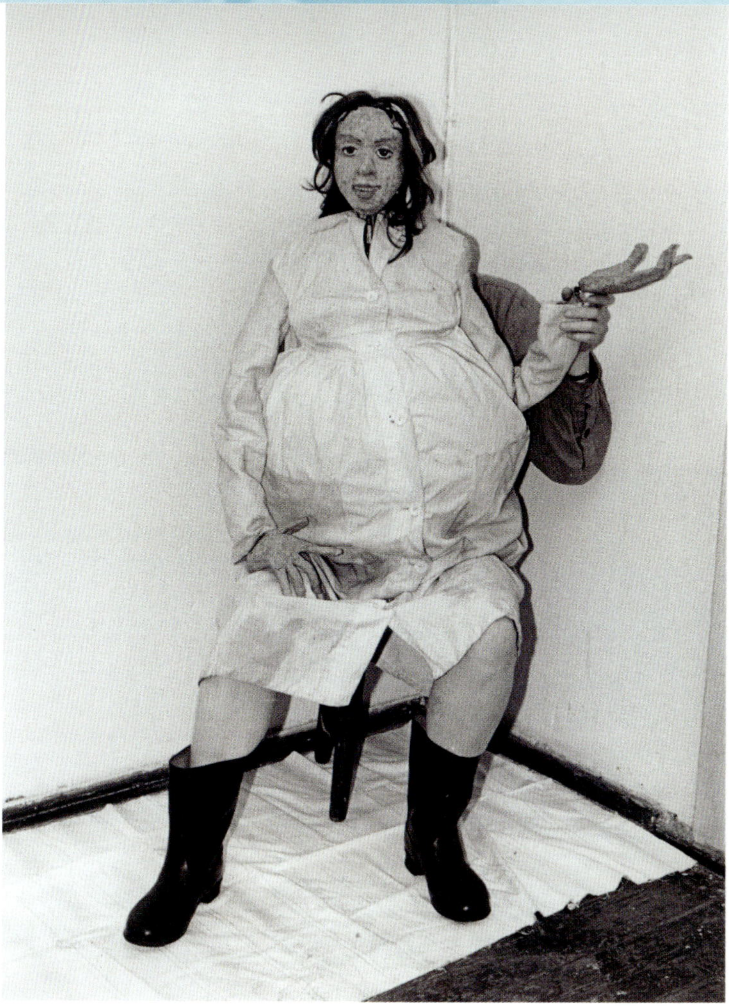

Christian Werdin
Anna · 1980 · Stahldraht, Pappmaché, Textil · 138 × 47 × 17 cm · Puppentheatersammlung, Inv.-Nr. A 10591

Die Hinterköpfe und Hände sind auf den Draht frei und löcherig mit dem gleichen Material modelliert. Dann bekamen Anna und der Brigadier einige Haarteile als Frisur. Das einzige sinnliche Element waren die nackten Waden der Anna-Spielerin. Die Bühne bestand aus Gerüstteilen, Planen und Verpackungselementen. Die Puppen konnten sogar Fahrrad fahren.

Die Aufführungen des Szenenstudiums wurden ein großer Erfolg. Danach gelangten sie als beachtete Objekte in nationale und internationale Theaterausstellungen. Ansonsten warteten sie leblos und eingefallen in einem Wäschekorb auf dem Dachboden des Autors, bis sie 2010 in die Dresdener Puppentheatersammlung geholt sowie dort willkommen geheißen wurden und sie endlich ihre altersgerechte Pflege erhielten. Christian Werdin

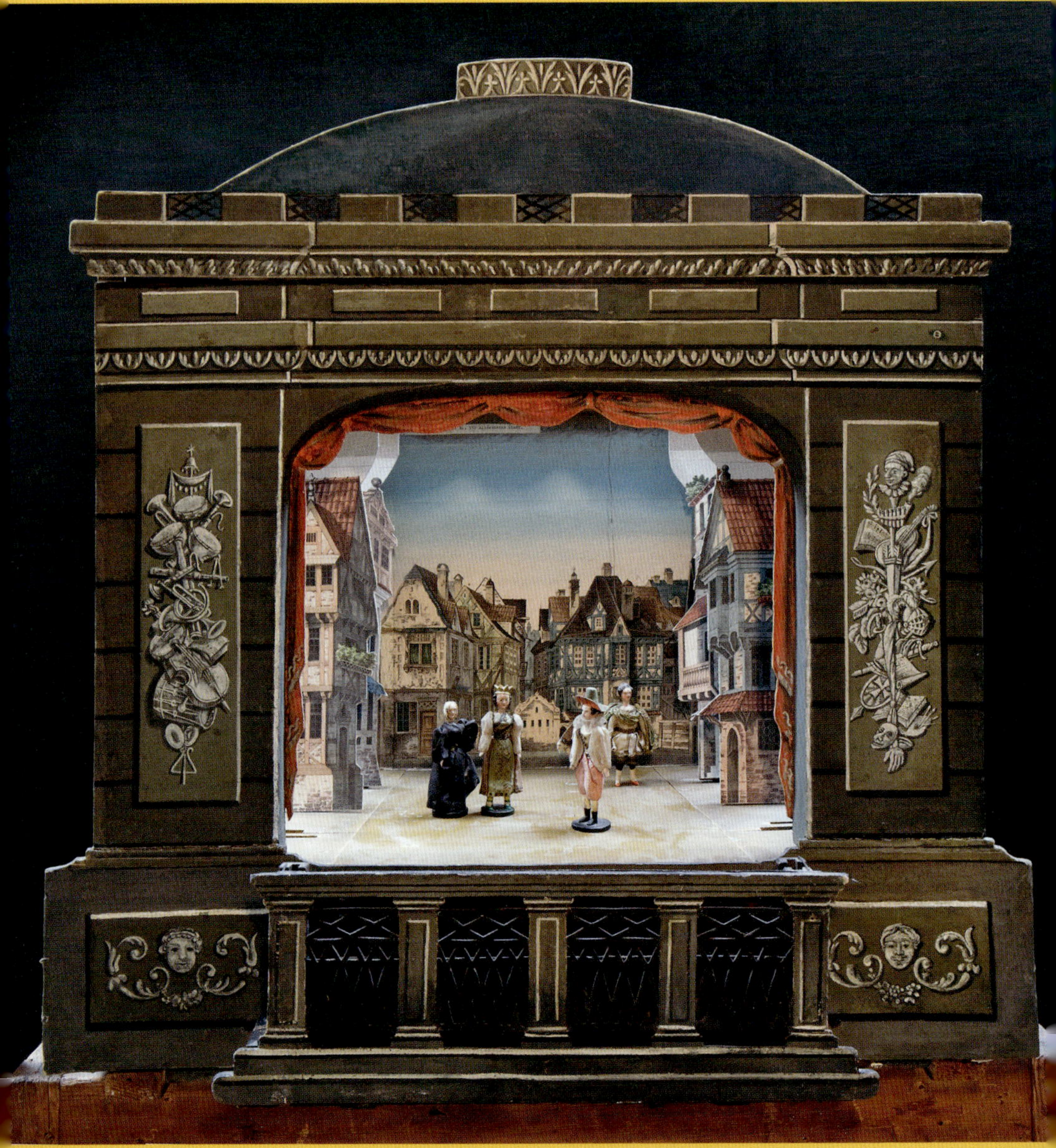

Puppentheater sammeln

Die Pioniere Arthur Kollmann und Otto Link

Lars Rebehn

Die genaue Geburtsstunde der Dresdener Puppentheatersammlung ist nicht bekannt. Selbst über den Geburtstag kann man unterschiedlicher Meinung sein. War es der 29. Juli 1952, als die letzte Unterschrift auf den Vertrag zwischen Otto Link und der Kunstverwaltung des Landes Sachsen gesetzt wurde, der 1. Juni 1952, als Otto Link offiziell die Stelle als Leiter übernahm, oder doch der 8. Januar 1858, mit dem alles begann?[1] An diesem achten Tag des Jahres 1858 wurde Arthur Kollmann (Abb. 2) geboren, der die erste Puppentheatersammlung im deutschsprachigen Raum und vielleicht auch die erste weltweit schuf. Bis ins späte 19. Jahrhundert fanden sich Puppentheatralia nur in ethnologischen Sammlungen als Belege für die Andersartigkeit fremder Kulturen und in sehr kleiner Zahl in historischen (städtischen) Sammlungen, meist als Artefakte bildungsbürgerlicher Kultur. Das bekannteste Beispiel ist Goethes Puppentheater im Freien Deutschen Hochstift in Frankfurt am Main. Die älteste professionelle Marionette dürfte der sogenannte Linzer Kasperl, die Hanswurst-Marionette des Puppenspielers Gallus Karl Böckl aus den 1770er Jahren, sein, die schon bei ihrer Erwerbung durch den Dichter Adalbert Stifter 1862 als Antiquität galt.[2]

1
Christian Gottlob Oehme und Julius Hermann Oehme
Theater · 1801 · u. a. Papier, Pappe, Holz, Stoff, Metall · 82 × 79,0 × 67 cm (mit Giebel und Rampe) · Puppentheatersammlung, Inv.-Nr. 1880,777 · (erworben durch Otto Link am 3. Februar 1938 von einem Nachkommen)

Deutsches Puppentheater war nicht sammlungswürdig, und wenn doch, dann nur in Form seiner Texte. Die erste Textsammlung ließ der Großherzog von Sachsen-Weimar-Eisenach, Carl Friedrich (1783–1853), noch heimlich ab etwa 1821 durch die Bibliothekare der großherzoglichen (öffentlichen) Bibliothek zusammentragen. Sie stand erst nach seinem Tode der wissenschaftlichen Öffentlichkeit zur Verfügung.[3] Die

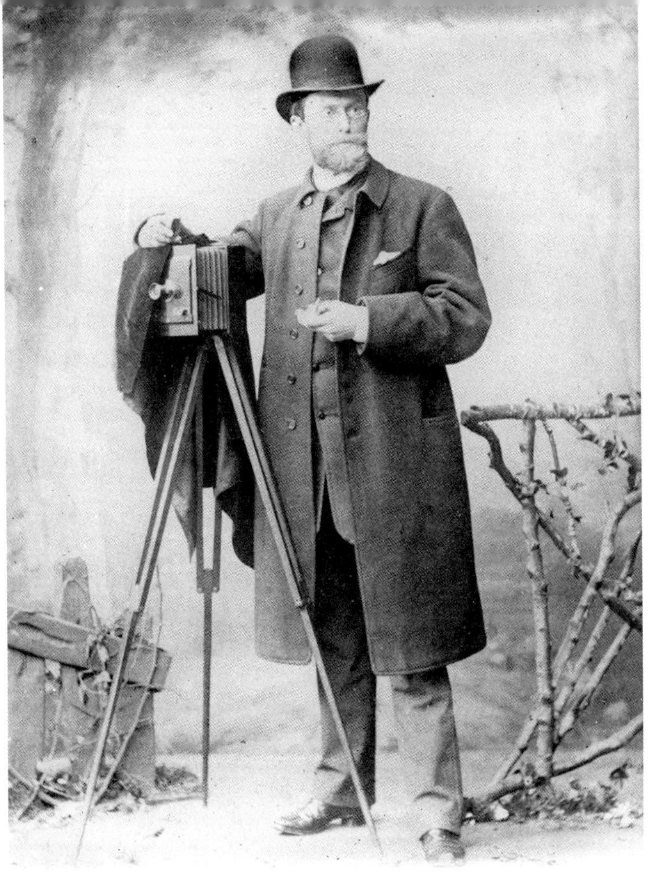

2
Der Arzt Arthur Kollmann mit seinem Fotoapparat · Leipzig, um 1885

nächste bedeutende Sammlung wurde in den 1860er Jahren von dem Musiker Carl Engel (1824–1913) in Oldenburg begonnen, erhielt aber erst ab dessen Umzug nach Dresden 1869 einen Aufschwung, weil Sachsen damals das Zentrum des Marionettenspiels war.[4] Ab den 1890er Jahren folgten weitere Sammler wie Alexander Tille (1866–1912) und Georg Ehrhardt (1862–1935) in Sachsen, Wilhelm Löwenhaupt (1872–1935) in Süddeutschland und nach dem Weltkrieg Carl Niessen (1890–1969) in Köln.[5]

Kollmanns Interesse am Puppenspiel wurde schon früh geweckt: »Ein glücklicher Zufall führte mich schon als kleinen Knaben – anfangs der sechziger Jahre – mit einem der besten sächsischen Puppentheater zusammen.«[6] Über die Erlebnisse berichtete er weiter: »Ja, das mußten wir uns gestehen, als es aus war: das war etwas Wunderbares; es war beinahe das Wunderbarste, was wir je gesehen hatten und sicher das Seltenste und Schönste von dem ganzen Tage. Keines von uns dachte da an Puppen und Fäden und Drähte. Für uns waren das nur lebende Wesen wie wir!«

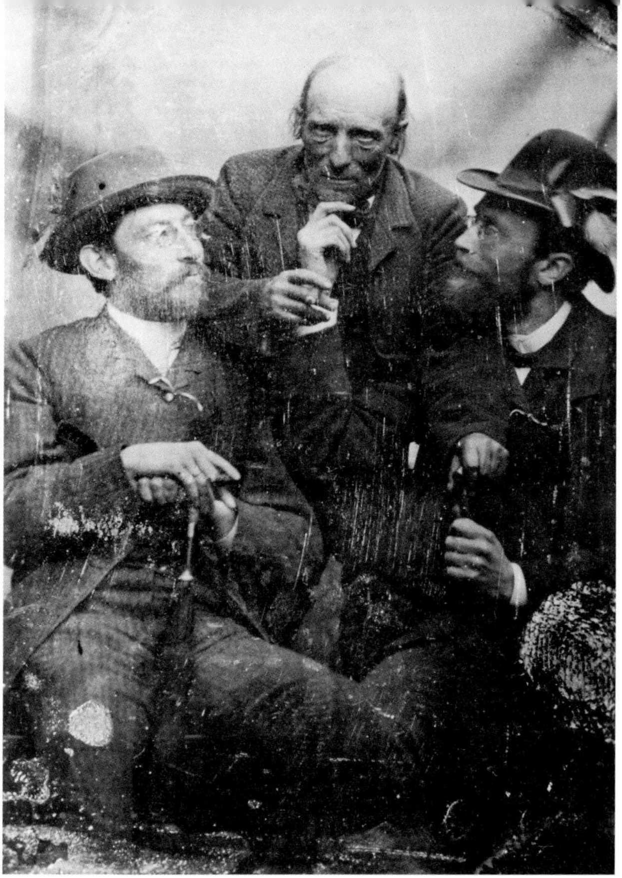

3
Arthur Kollmann (rechts) und sein Freund Reinhold Herrmann (links) mit dem Marionettenspieler Carl Kapphahn auf dem Schützenfest in Taucha · um 1890

Mitte der 1870er Jahre traf Kollmann als Gymnasiast wieder auf das Kapphahn'sche Marionettentheater. Die Wertung des Gesehenen hatte sich geändert, nicht aber die Faszination: »Da ich mir in der deutschen Litteratur eine gewisse Kenntnis erworben hatte, so merkte ich bald, daß seine Stücke in vielen Punkten von dem bisher über derartige Aufführungen bekannten abwichen, und ich konnte es trotz der poetischen Wirkung, die das Ganze auf mich ausübte, nicht unterlassen, mir wenigstens bei den auffallendsten Abweichungen sofort einige Bleistiftbemerkungen zu machen. Es blieb nicht bei dem ersten Besuche, sondern da ich einmal die alte Neigung verspürte, kehrte ich des öftern wieder, und so sah ich eine Menge Vorstellungen [...].«[7]

Arthur Kollmann entstammte einer alteingesessenen Leipziger Familie von Buchhändlern, Verlegern und Druckereibesitzern. Sein Vater jedoch wurde Arzt und Stadtrat in Leipzig. Carl Arthur Kollmann folgte als Erstgeborener seinem Vater als Mediziner. Die jüngeren Brüder Carl Max als Kaufmann und Farmbesitzer in Chile und Carl Paul Kollmann als Generalmajor waren ebenfalls Sammler und vermachten dem Museum für Völkerkunde in Leipzig ethnografische Kollektionen.[8]

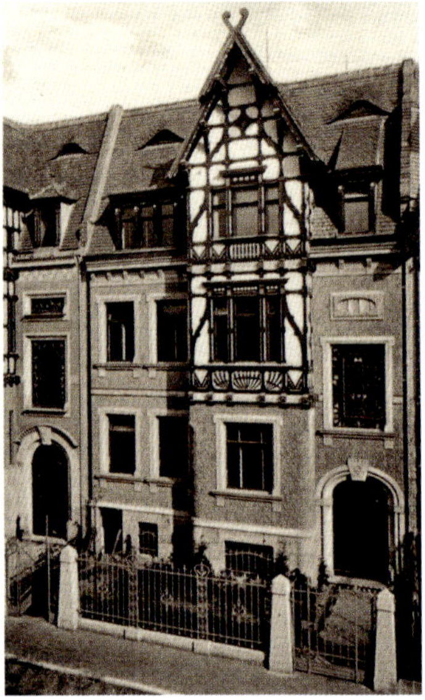

4
Arthur Kollmanns
Wohnung in der
Montbéstraße 7 in
Leipzig · nach 1906

5
Aufführung der
»Genoveva« auf dem
Ganzaugeschen Theater
in der Leipziger
4. Bezirksschule · 1912

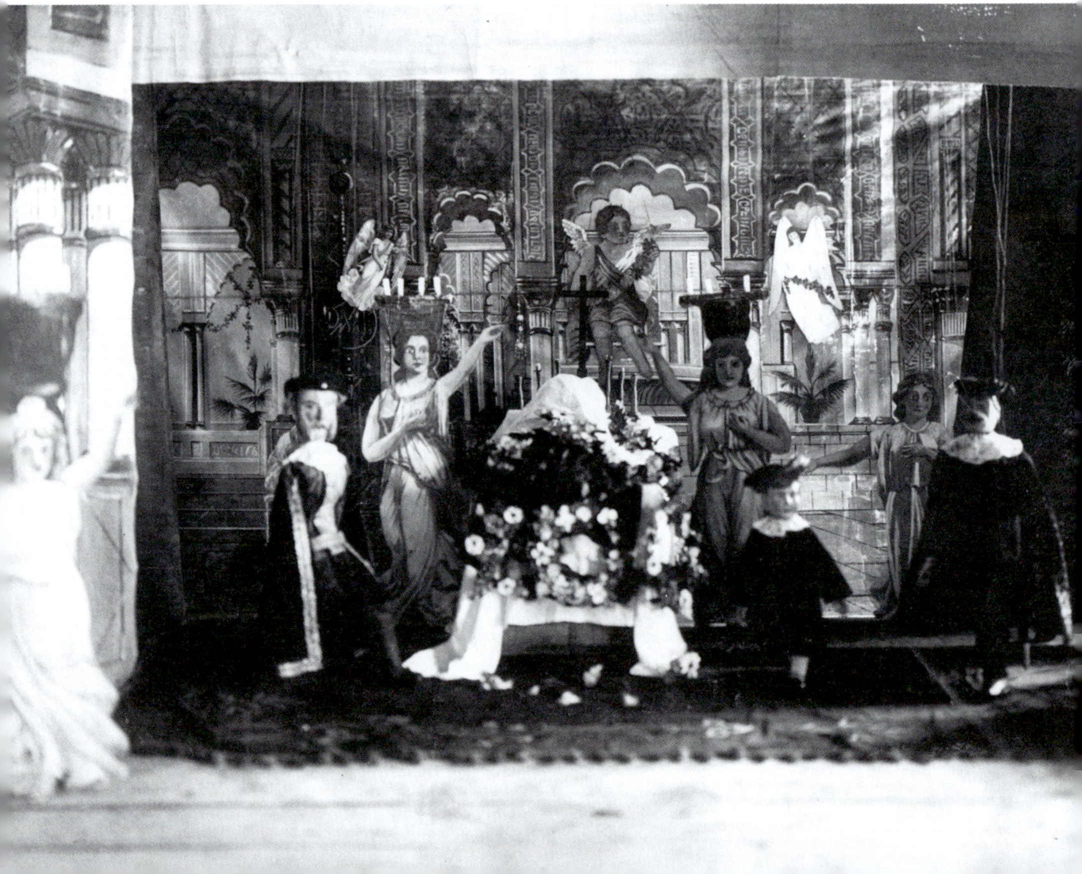

Ab 1880/81 tauchte Arthur Kollmann langsam in die Puppenspielerszene ein. Der in der Promotion befindliche Arzt fand Kontakt zu dem Puppenspieler Carl Ferdinand Kapphahn (1823–1899, Abb. 3), dessen Aufführungen er schon als Grundschüler und Gymnasiast in Leipzig beigewohnt hatte. Nach Auslandsaufenthalten Kollmanns in Wien, Paris und London wurden die Beziehungen enger. Paul Othello Kapphahn (1834–1891), Halbbruder des Carl Kapphahn und ebenfalls Theaterbesitzer, überließ ihm 1884 die ersten Handschriften für die Sammlung. Nachdem Kollmann ein Jahr als Schiffsarzt und anschließend drei Monate in den USA zugebracht hatte, begann er eine kurze, aber sehr intensive Sammeltätigkeit, die sich insbesondere auf den Sommer 1887 konzentrierte. Grundlage waren ausführliche Gespräche mit den beiden Kapphahns. Er reiste durch Sachsen und Thüringen und trug Handschriften – sei es in Original oder in Abschrift –, Theaterzettel, Informationen und auch die ersten dreidimensionalen Objekte zusammen. Er dokumentierte seine Ergebnisse und Befunde ausführlich. Niemand aus bürgerlichen Kreisen war so sehr mit den Lebensumständen der Puppenspieler vertraut wie Kollmann: »Die Stunden, die ich auf Reisen mit Kapphahn verlebt habe, gehören zu den schönsten meines Lebens. Ich hätte meine große Sammlung von Puppen usw. nicht anlegen können, wenn ich nicht durch ihn die meisten deutschen Puppenspieler kennengelernt hätte.«[9]

Mit der Anstellung als Polizeiarzt im Herbst 1887 endete diese erste Sammelkampagne. Die Ausbeute war nicht unerheblich, denn bis dahin hatte er bereits über 100 Manuskripte zusammengetragen. Insgesamt sollten es über 700 werden. 1891 starb Kollmanns Vater, im selben Jahr wurde er Professor an der Leipziger Universität und ein Jahr später heiratete er. Das Puppenspiel musste aber nur kurz zurücktreten. 1894 erwarb Kollmann ein kleines Marionettentheater, mit dem er in seiner Wohnung miniaturisierte Aufführungen im Stile der großen Marionettenbühne aufführen konnte. Ab und zu lud er Georg Grube (1874–1943), den Adoptivsohn Carl Kapphahns, ein, der dann für den Freundeskreis Aufführungen gab. Die Sammlung wuchs langsam, aber beständig weiter. In der Montbéstraße (Leipziger Nordvorstadt, Abb. 4) ließ sich Kollmann 1905 eine Stadtvilla bauen, deren Dachgeschoss ausschließlich für seine Zauberkunst- und seine Puppenspielsammlung vorgesehen war. Die kleine Marionettenbühne wurde fest installiert und am 27. Januar 1906 mit dem »Puppenspiel vom Dr. Faust« durch Georg Grube eingeweiht.[10]

Eine neue Dimension erhielt die Sammlung 1912, als Kollmann von Arthur Ganzauge (1876–1933, Abb. 5) ein großes Marionettentheater erwarb. Nur wenig später kam die noch wesentlich umfangreichere ehemalige Bühne von Adolf Kleinhempel (1842–1924) hinzu. Damit wurden öffentliche Vorstellungen in Schulen, im Saal der alten Handelsbörse und im Hauptrestaurant auf dem Messegelände gegeben. Kurz nach Beginn des Ersten Weltkrieges erwarb Kollmann die Bühnen von Amalie

Apel (1844–1914) und Emilie Ruttloff (1845 – nach 1915). Beide Theater waren stillgelegt und die Besitzerinnen nach Kriegsausbruch in Geldnot. Kollmann hatte die Bühnen von vorneherein nicht für den Spielbetrieb vorgesehen, sondern als museumswürdig eingestuft. Er setzte sich umgehend mit dem Germanischen Nationalmuseum in Nürnberg bezüglich einer Schenkung in Verbindung. Wegen des Krieges zerschlugen sich aber diese Pläne.[11]

Mit dem Neubau des Grassi-Museums, welches das Kunstgewerbemuseum und die völkerkundlichen Sammlungen aufnehmen sollte, ergab sich für Kollmann eine Perspektive in seiner Heimatstadt. Er schenkte seine Puppentheatersammlung ab 1927 der Stadt Leipzig unter der Auflage, dass diese Teil der Europa-Abteilung des Völkerkundemuseums wurde. Die Sammlung sollte in der ständigen Ausstellung präsent sein, der Forschung zur Verfügung stehen und durch regelmäßige Vorstellungen im Museum belebt werden. Von 1929 bis 1943 konnten diese Auflagen auch erfüllt werden (Abb. 6). Mit dem Tode des Marionettenspielers Georg Grube und der Bombardierung des Museums änderte sich dies 1943. Teile der Sammlung verbrannten im Museum, der größere Rest wurde ausgelagert. Kollmann, der bereits 1941 gestorben war, hatte dies nicht mehr erleben müssen.[12] Versuche der Reaktivierung von Kollmanns Schenkung mit einer FDJ-Gruppe scheiterten nach 1945. Die Sammlung kam 1971/72 im Rahmen der Profilierung der Museen in der DDR in die Puppentheatersammlung der Staatlichen Kunstsammlungen Dresden. Die Bestände wurden wissenschaftlich aufgearbeitet und in Ausstellungen gezeigt, nur der Spielbetrieb konnte aus konservatorischen und räumlichen Gründen nicht wieder aufgenommen werden.

Die Schenkung seiner Sammlung bereitete Kollmann trotz seines Gesundheitszustandes – er war 1923 von einem Motorrad angefahren worden – akribisch vor. 1924 lernte er den Leipziger Lehrer Otto Link (1888–1959) kennen, der ihn fortan unterstützte. Insbesondere Kollmanns Stenonotizen, die kaum noch jemand entziffern konnte, mussten in Reinschrift gebracht werden. Link erlernte so die systematische Museumsarbeit und erhielt Einblicke in die Geschichte des sächsischen Puppenspiels. Belohnt wurde er für diese Arbeit, die sich viele Jahre über Abende und Wochenenden hinwegzog, mit Sammlungsgegenständen, die Kollmann als Dubletten definierte. So entstand in enger Korrelation mit Kollmanns Sammlung jene von Otto Link.

Otto Link stammte aus kleinbürgerlichen Verhältnissen. Er wurde in Bromberg in der westpreußischen Provinz Posen geboren und besuchte das Lehrerseminar seiner Vaterstadt. Er interessierte sich insbesondere für die Volkskunde seiner Heimat, die durch die deutsche und polnische Kultur gleichermaßen beeinflusst war. Als seine Heimat polnisch wurde, erfolgte seine Versetzung nach Leipzig. Hier wandte er sich dem Puppenspiel zu, zunächst aktiv als Laienspieler mit einigen Kollegen. Angesichts

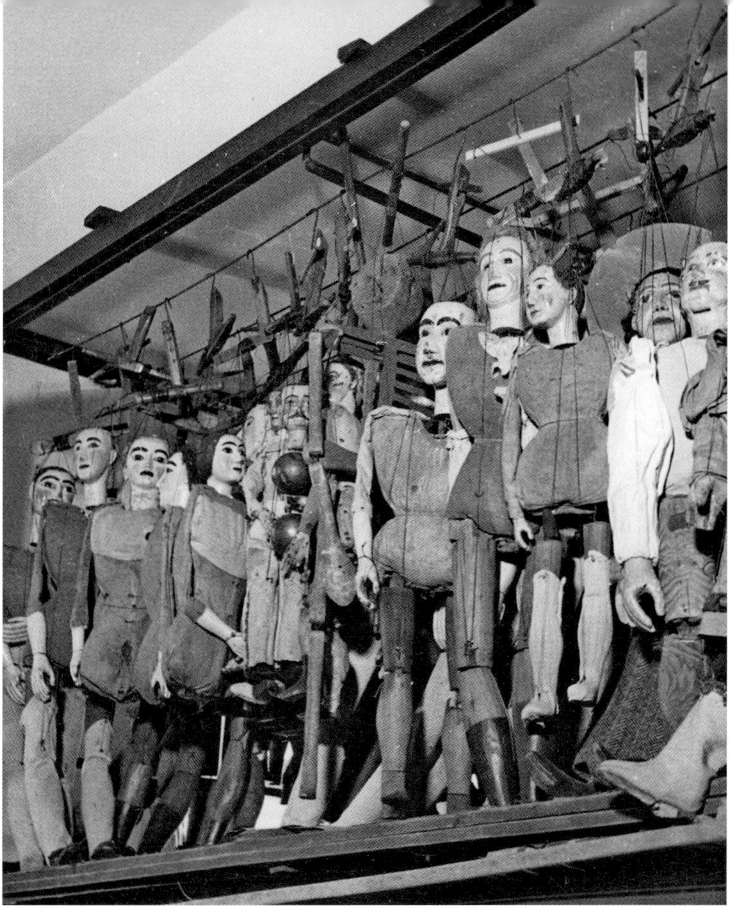

6
Teile der Sammlung im Depot des Museums für Völkerkunde Leipzig · 1935

des knapp bemessenen Lehrergehalts und auch des begrenzten Wohnraums konzentrierte sich Otto Link beim Sammeln lange auf das Zusammentragen von Informationen, das Archivieren von Zeitungsausschnitten, Büchern, Abschriften, Reprofotos und das eine oder andere Original. Zwischen 1928 und 1931 war Otto Link Redakteur der ersten deutschen Puppenspielzeitschrift »Das Puppentheater«. 1929 reiste er nach Prag, wo er die UNIMA, die noch heute existierende weltweite Puppenspielervereinigung, mit aus der Taufe hob. Ab Ende der 1920er Jahre knüpfte Link wie sein Vorbild Kollmann persönliche Kontakte zu zahlreichen Puppenspielern und unternahm Reisen durch die sächsische Provinz. Ausgerüstet war er mit Notizblock und Fotoapparat. Seine Aktentasche nahm dann den einen oder anderen Neuzugang für die Sammlung auf.

Ein tiefer Einschnitt in Links Sammeltätigkeit stellte das Jahr 1933 dar. Als Sozialdemokrat wurde er gemaßregelt. Freunde und Kollegen wandten sich dem Nationalsozialismus zu und von ihm ab. Link aber blieb standhaft und trat auch nicht dem NS-Lehrerbund bei. So wurde die Sammel-

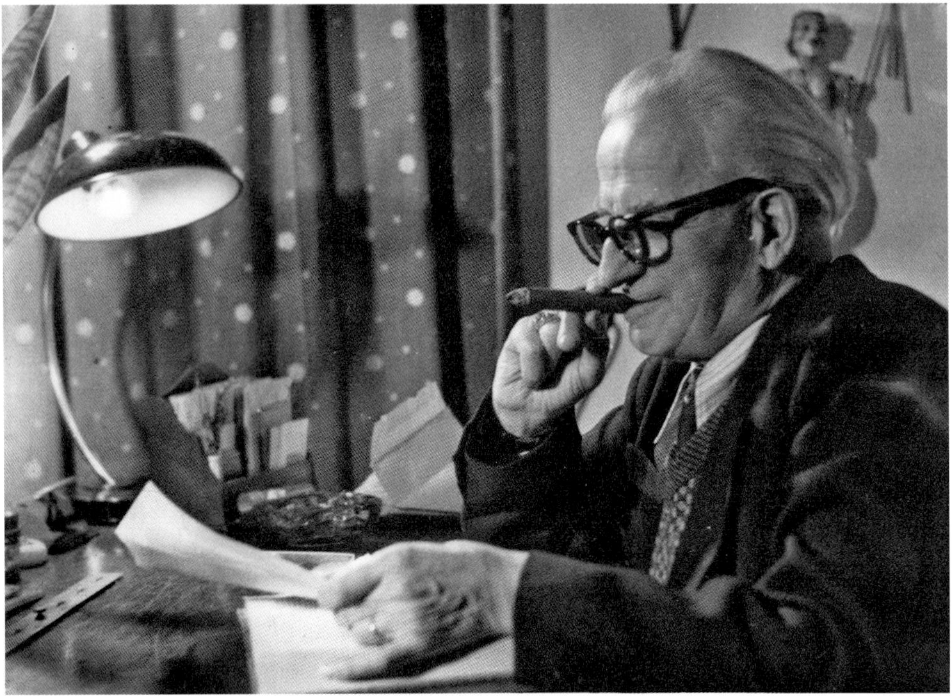

7
Otto Link als Leiter der Staatlichen Puppenspielsammlung Dresden · um 1955

tätigkeit zu einer inneren Emigration. Ab dem 1. April 1935 führte er ein Inventar, das alle Neuzugänge erfasste. Hinzu kamen zahlreiche Zettelkästen, die seine Bestände erschlossen. Die erste kostspielige Erwerbung war 1938 das Oehme-Theater von 1801, ein Modelltheater mit ausgeklügelter Bühnentechnik (Abb. 1). 1946 erbte er den Bühnenfundus der Leipziger Handpuppenspielerin Tilla Schmidt-Ziegler (1875–1946). Otto Link entwickelte ein komplexes System der Lagerung in Mappen und Schachteln. Bei der Nutzung benötigte es aber entsprechende Vorbereitung, insbesondere, wenn sich befreundete Puppenspieler als Übernachtungsgäste ankündigten und man gemeinsam in den Schätzen stöberte. Otto Links Sammlung überstand den Zweiten Weltkrieg unbeschadet, wozu er als Luftschutzwart aktiv beitrug. 1945 wurde er als einer von wenigen unbelasteten Lehrern zum Direktor einer Schule am anderen Ende Leipzigs ernannt. Weil er nicht in die SED eintrat, verlor er diesen Posten aber auch schnell wieder. Darüber war er nicht unglücklich, weil er so wieder mehr Zeit für seine Sammlung erhielt.

Otto Link war gut vernetzt und seine Expertise gefragt. So unterstützte er verschiedene Puppentheaterausstellungen und wurde 1950 kurzfristig für die Exposition in der Dresdener Nordhalle vom Schuldienst freigestellt. Das Land Sachsen wollte das Puppenspiel fördern und organisierte mit nur einmonatigem Vorlauf im Rahmen der Weihnachtsmesse eine Ausstellung, die in vier Wochen weit über 100 000 Besucher anzog. Der Erfolg führte im darauffolgenden Jahr zu einer Wanderausstellung, für die neben Leihgaben aus der Sammlung Link und dem Dresdner Volkskunstmuseum auch das komplette Marionettentheater von Bruno Wünsch angekauft wurde. Die Ausstellung musste betreut werden und so blieb Otto Link ab Herbst 1951 endgültig in Dresden. Aus dem Privatsammler wurde ein Museumsleiter (Abb. 7).[13]

1 Johannes Just bot alternativ sogar noch das Jahr 1903 an, weil Oskar Seyffert in diesem Jahr mehrere Handpuppen und Marionetten erwarb; vgl. Johannes Just, Die Puppentheatersammlung des Museums für Sächsische Volkskunst, in: ders., Lars Rebehn (Hg.), Die Puppentheatersammlung des Museums für Sächsische Volkskunst, Dresden 1999, S. 2–5, hier S. 2. **2** Vgl. Hans R. Purschke, Die Puppenspieltraditionen Europas. Deutschsprachige Gebiete, Bochum 1986, S. 62 f. Heute im Oberösterreichischen Landesmuseum, Sammlung Volkskunde und Alltagskultur, Inv.-Nr. Sp 150/F 28.307. **3** Vgl. Klassik Stiftung Weimar, Goethe- und Schiller-Archiv, Bestand 97/VSt. Vgl. auch Oskar Schade, Das Puppenspiel Doctor Faust, in: Weimarisches Jahrbuch für deutsche Sprache, Litteratur und Kunst 5 (1856), Heft 2, S. 242–328; Lars Rebehn, Johann Georg Geisselbrecht. Ein verkanntes Puppenspiel-Genie der Goethe-Zeit. Zum 250. Geburtstag des Künstlers, in: Das andere Theater 23 (2013), Heft 82, S. 28–33. **4** Vgl. Lars Rebehn, Die Leipziger Puppentheatersammlungen von Arthur Kollmann und Otto Link und ihre Beziehungen zum Puppenspiel vom Dr. Faust, in: Carsten Rohde (Hg.), Faust-Sammlungen. Genealogien – Medien – Musealität, Frankfurt a. M. 2018, S. 127–149, hier S. 131–138. **5** Vgl. ebd., passim. **6** Arthur Kollmann, Unter fahrenden Leuten, in: Johannes Moser, Lars Rebehn, Sybille Scholz (Hg.), »Mit großer Freude greif ich zur Feder.« Autobiographische und biographische Zeugnisse sächsischer Marionettenspieler. Zusammengestellt nach Unterlagen der Puppentheatersammlung der Staatlichen Kunstsammlungen Dresden, Dresden 2006, S. 47–60, hier S. 49. **7** Ebd., S. 50. **8** Vgl. Gabriele Steinbach, Prinzipal der Prinzipale: Arthur Kollmann (1858–1941), unveröffentlichtes Typoskript, Leipzig 1992/93 (vorhanden in: Staatliche Kunstsammlungen Dresden (SKD), Puppentheatersammlung (PTS), Archivakte ABM-Projekt). **9** Arthur Kollmann, Puppen spielen Theater, in: Der Komet, Nr. 2753 vom 29.1.1938. **10** Vgl. SKD, PTS Einnahmebuch des Marionettenspielers Georg Grube 1905–1934 (Abschrift durch Otto Link, 1935, Zugang 10). **11** Vgl. ebd., Archivakte Germanisches Nationalmuseum Nürnberg. **12** Vgl. Steinbach 1992/93. **13** Vgl. dazu auch den Beitrag von Lars Rebehn, »Puppentheater ausstellen«, in diesem Heft.

Lars Rebehn ist Oberkonservator der Puppentheatersammlung,
Staatliche Kunstsammlungen Dresden.

El Teatro de los Niños

Papiertheater aus Barcelona

Im Laufe des 19. Jahrhunderts erfasste ein Phänomen fast ganz Europa: das Papiertheater. Dabei handelte es sich um Miniaturbühnen für den heimischen Gebrauch mit reichem Zubehör an Kostümfiguren und Bühnenbildern. Neben professionell gebauten, individuell angefertigten Modellen waren dies vor allem selbstgebaute Theater aus Pappe, beklebt mit gekauften Bilderbogen. Diese wurden von zahlreichen Verlagen in unterschiedlichsten Größen und Qualitäten angeboten.[1]

Der Trend entsprang dem Wunsch des aufstrebenden Bildungsbürgertums, das Erlebnis Theater zu Hause nachzuempfinden. Was als intellektuelle Beschäftigung für Erwachsene anfing, wandelte sich gegen Ende des 19. Jahrhunderts zunehmend zu einem beliebten Kinderspielzeug. Während neben dem Theaterspiel vor allem der Bau der Bühne im Mittelpunkt stand, sogar als pädagogisch wertvoll angepriesen wurde, ging ein Unternehmen in Spanien einen anderen Weg.

1915 brachte der Verlag Seix & Barral mit Sitz in Barcelona eine Papiertheaterlinie unter dem Titel »El Teatro de los Niños« (»Das Kindertheater«) auf den Markt. Das Prinzip war einfach: Alle Teile wurden fertig montiert geliefert und die Bühnen waren platzsparend zusammenklappbar. Mit wenigen Handgriffen konnte so das Spiel direkt nach Erwerb beginnen. Die Seitenwände der Bühnen enthielten durchnummerierte Einkerbungen, in die ebenfalls vormontierte Vorhänge und Bühnenbilder eingehängt werden konnten. Diese besondere Bauart ließ sich der Verlag unter der Marke »Patent CB Nualart« schützen. Erhältlich waren verschiedene Bühnengrößen, wobei jedoch nur das Außenmaß der Theater und deren Gestaltung variierte. Die Bühnenöffnung und die klappbaren Seiten hatten stets die gleiche Größe. Als Zubehör wurden Mappen für jeweils ein Theaterstück verkauft, die sowohl die Bühnenbilder als auch die Figuren, ein Textheft und sogar Eintrittskarten beinhalteten.

Das hier abgebildete Model CC wurde 1917 auf der dritten Spielzeugmesse in Barcelona vorgestellt und erhielt den Ehrenpreis. Entworfen wurde es von Carlos Barral i Nualart, dem Vater von Luis und Carlos Barral, die gemeinsam mit Francisco Seix Faya den Verlag 1911 gegründet hatten. Es wurde zum Verkaufsschlager des Verlages, der zunehmend auch für das Ausland produzierte und die Texte in verschiedenen Sprachen anbot.[2]

Auf diese Weise wurde vermutlich auch Otto Link, Gründer der Puppentheatersammlung Dresden und selbst Sammler, insbesondere auf dem Gebiet des Papiertheaters, auf das Produkt aufmerksam. Bereits 1940 orderte er es über einen Buchhändler direkt beim Hersteller in Barcelona, erhielt jedoch erst 1943 eine Lieferung von insgesamt fünf Theatern und 16 Stückmappen zu einem Gesamtpreis von 115 Reichsmark.[3]

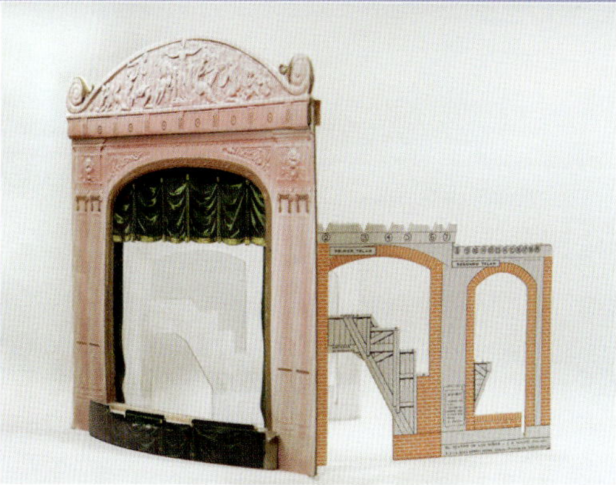

Papiertheater Model CC
Verlag Seix & Barral, Barcelona, zwischen 1917 und 1943 · Pappe, Holz, Farboffsetdruck auf Karton, Goldfarbe · 39 × 47,5 × 33 cm (aufgebaut) · Puppentheatersammlung, Inv.-Nr. 4156 a

Neben der praktischen Handhabung wurde vor allem die Gestaltung der Bühnen und Bühnenbilder geschätzt. Viele zeigen deutlichen Einfluss des Modernisme – der katalanischen Ausprägung des Jugendstils, der gerade in Barcelona am Anfang des 20. Jahrhunderts intensiv vertreten war. Zudem enthalten viele Kulissen Ausstanzungen, die mit farbigem Transparentpapier hinterlegt sind und somit bei Beleuchtung von hinten besondere Effekte auf die Bühne zaubern.

Ein Unterschied zur übrigen europäischen Produktion war die Größe der Bühne. Während diese anderswo eher immer größer ausfielen, entschied man sich hier für eine mit 16 × 28 cm eher kleine Bühnenöffnung. Zum Vergleich: Die größten bekannten Papiertheater wurden in den 1920/30er Jahren in der Tschechoslowakei mit einer Vorhanggröße von bis zu 120 × 280 cm herausgegeben und waren speziell zur Nutzung im Vereinswesen gedacht. Das kleine Format dagegen hatte zur Folge, dass nur eine relativ kleine Zuschauerzahl der Aufführung beiwohnen konnte. Die Theater waren demnach für private Darbietungen gedacht.

Seix & Barral, die anfangs auf Kinder- und Schulliteratur spezialisiert waren, gaben insgesamt zehn Bühnen und 23 Stücke für das »Teatro de los Niños« heraus. 1953 erschien das letzte Bühnenmodell – kurz danach stellte der Verlag die Produktion ein und veränderte seine Ausrichtung zugunsten der Gegenwartsliteratur. 1982 wurde er der spanischen Verlagsgruppe Planeta angeschlossen, innerhalb derer er bis heute als Editorial Seix Barral existiert. Sabine Ulbrich

1 Zu Papiertheater vgl. v. a. Dietger Dröse (Hg.), Beiträge zu Papiertheater auf Grundlage der Beiträge zum Kindertheater von Walter Röhler, Hanau 1994, bes. S. 68 [zu finden in: Staatliche Kunstsammlungen Dresden (SKD), Puppentheatersammlung (PTS), Inv.-Nr. B 36231]; ders., Ein Beitrag zur Geschichte des Theaterbilderbogens [nach einem Manuskript von Walter Röhler], Hanau 1993, bes. S. 77 [zu finden in: SKD, PTS, Inv.-Nr. B 36341]; Walter Röhler, Große Liebe zu kleinen Theatern, Hamburg, 1963, S. 53; Peter Baldwin, Toy Theatres of the World, London 1992, S. 127 f. **2** Vgl. http://www.teatritos.com/uk/c3spain.html (14. 5. 2024). **3** Vgl. Otto Link an Walter Röhler, 31. 10. 1943, SKD, PTS, Archiv; Inventarbucheintrag zum Objekt. Alle sind noch in der PTS vorhanden.

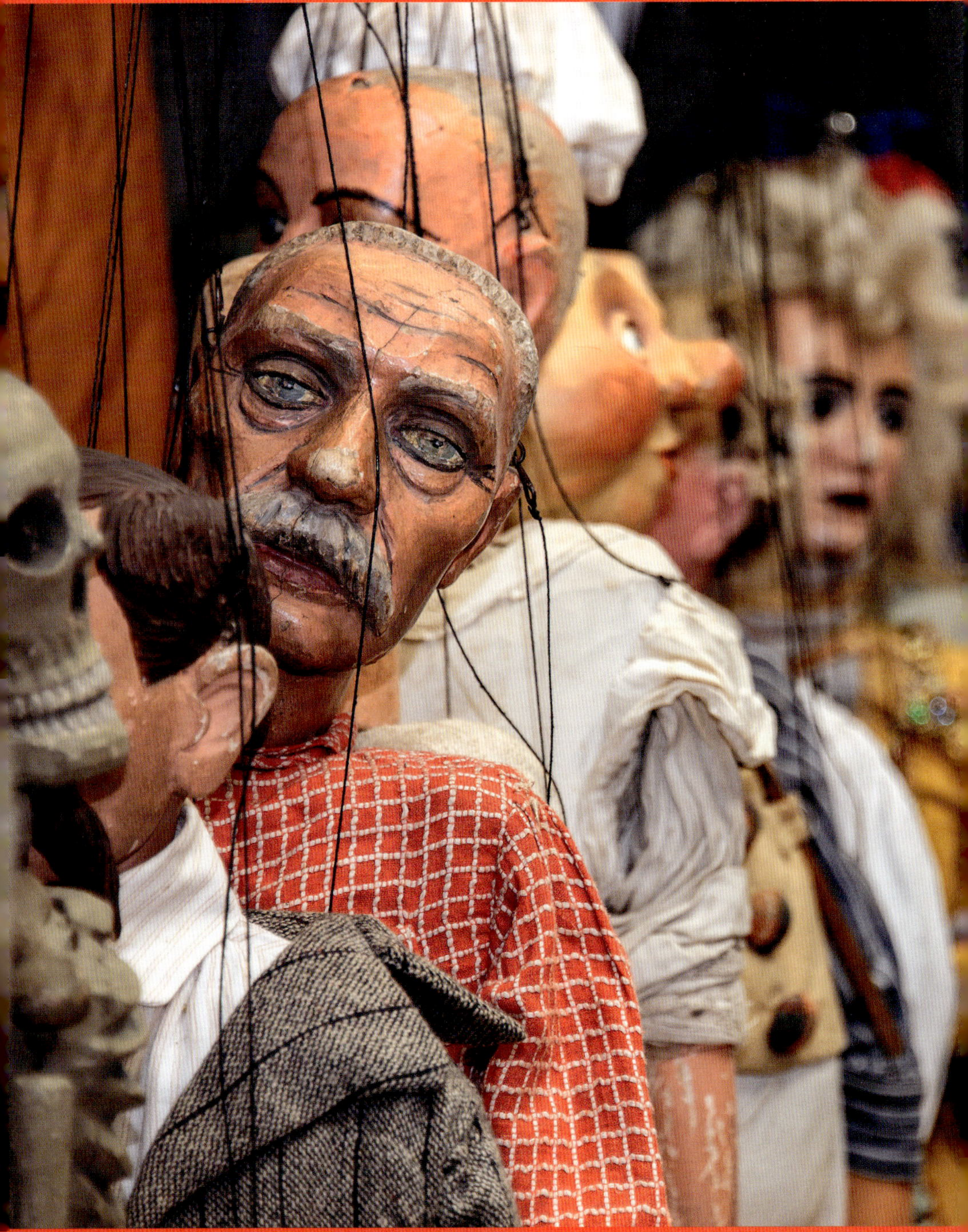

Ein Marionettenspielerleben für die Öffentlichkeit

Der Fundus Roland Ritscher in der Puppentheatersammlung

Alexandra Löser

Der umfangreiche Fundus der Marionettenspielerfamilie Ritscher befindet sich fast vollständig in der Dresdener Puppentheatersammlung. Heutzutage ist das Marionettenspiel in dieser traditionellen Weise nur noch selten zu erleben,[1] umso elementarer für die Nachwelt ist das umfangreiche Konvolut Roland Ritschers. Der besagte Bestand lässt sich daher als historisches Zeugnis eines Puppentheatergenres und seiner spezifischen Mechanismen, als Familiengeschichte, als Glücksfall für die wissenschaftliche Museumsarbeit und auch als Herausforderung für die Sammlungsverwaltung und Restaurierung betrachten.

Die als traditionelles Marionettentheater bezeichnete Theaterform hatte in Mitteldeutschland in der zweiten Hälfte des 19. Jahrhunderts ihre größte Bedeutung. Es handelte sich um Familienbetriebe, die mit ihrem Theater von Ort zu Ort reisten und in Gasthofsälen Vorstellungen mit Marionetten gaben. Diese Gastspiele dauerten in der Regel zwei bis sechs Wochen, danach kamen die Puppenspieler erst nach einigen Jahren wieder an denselben Ort. Die hölzerne Bühne konnte eine Breite von bis zu 10 Metern, eine Höhe sowie eine Tiefe von fast 4 Metern haben. Das Bühnengepäck und das persönliche Hab und Gut wurde mit Fuhrwerken transportiert. Da die Marionettenspieler selbst keine Pferde oder später Traktoren besaßen, mussten sie dafür bezahlen.[2] Beim Transport, den Auf-und Abbauarbeiten sowie bei den Vorstellungen selbst halfen meist die älteren Kinder der Marionettenspielerfamilien und Theatergehilfen.[3]

1
Diverse Marionetten von Roland Ritscher im Depot der Puppentheatersammlung · 2020

Roland Ritscher (Abb. 2), geboren 1931 in Dresden, wuchs bereits als Kind in den elterlichen Theaterbetrieb hinein und führte später das Marionettenspiel in siebter Generation aus. Nach dem Tod des Vaters Walter (1905–1963) erwarb Roland Ritscher von seiner Mutter Martha (geb. Großmann, 1906–1986) ihren Anteil des elterlichen Theaters. Sie begleitete aber weiterhin alle Vorstellungen, einschließlich der mannigfaltigen Arbeitsschritte. Nach dem Tod der Mutter führte Ritscher Varietéaufführungen auf einer kleineren Bühne mit seiner zweiten Frau Irma (†1996) durch. Nach der Jahrtausendwende entschloss er sich, das gesamte Theater an die Puppentheatersammlung Dresden zu verkaufen: »[...] nach reiflichen Überlegungen habe ich mich entschlossen, Ihnen, d. h., der Puppentheatersammlung mein Marionettentheater und damit mein Lebenswerk zum Kauf anzubieten.«[4] Mit Unterstützung der Ostdeutschen Sparkassenstiftung im Freistaat Sachsen, der Ostsächsischen Sparkasse Dresden und MUSEIS SAXONICIS USUI Freunde der Staatlichen Kunstsammlungen Dresden e. V. konnte dieses Vorhaben 2003 realisiert werden. Zwei Jahre später, Roland Ritscher verstarb Ende März 2005 in Dresden, erfolgte eine Schenkung aus seinem Nachlass, die den Bestand vervollständigte.

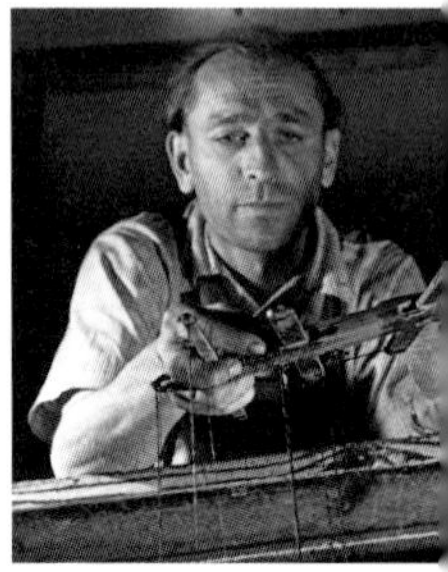

2
Roland Ritscher beim Marionettenspiel · Oberlausitz, Juli 1964

Insgesamt umfasst der heterogene Fundus mehr als 3000 Objekte unterschiedlichster Form und Größe. Diese Anzahl lässt sich grob in dreidimensionale Objekte und sogenannte Flachware einteilen. Zur ersten Gruppe zählen die beiden Bühnen samt Technik, aller Requisiten, Dekorationen, Hintergründen und Seitenkulissen sowie über 100 Marionetten (Abb. 1) und über 50 einzelne Marionettenköpfe. Hinzu kommen noch einmal fast 50 Flachfiguren aus Pappe, die wie Marionettenfiguren an Schnüren mithilfe eines Spielkreuzes von oben geführt werden, und über 1000 Kostümteile. Die zweite Gruppe umfasst 150 Theaterzettel (die Dubletten nicht eingerechnet), knapp 250 Textbücher sowie Schallplatten und Seltenheiten wie Silhouettenprojektionen, die vermutlich aus dem 19. Jahrhundert stammen. Komplettiert wird der Bestand mit den originalen Transportbehältnissen (Abb. 3) sowie dem Packwagen, in welchem das Theaterzubehör verstaut war.

Die Jahrzehnte haben Spuren an den Objekten des Theaters von Roland Ritscher hinterlassen. Sie erzählen vom Leben fahrender Marionettenspieler*innen und zugleich über die Funktionsweisen einer Marionettenbühne. Der Großteil der Objekte stammt aus der Zeit der 1930er Jahre und wurden von Ritscher nach Übernahme des Theaters weitergenutzt. Seine Eltern bauten sich ab 1931 die Marionettenbühne mithilfe der Verwandtschaft, Kollegen und namhafter Schnitzer auf.[5] In der Zeit bis zur Beendigung der aktiven Spielzeit wurden laut Ritscher schätzungsweise 10 000 Vorstellungen gegeben.[6] Dies bedeutete ein zigfaches Ein- und Auspacken des gesamten Theaters sowie das Verstauen der beispielsweise bis zu vier Meter langen Prospekte (Abb. 4). Diese Bühnenhintergründe

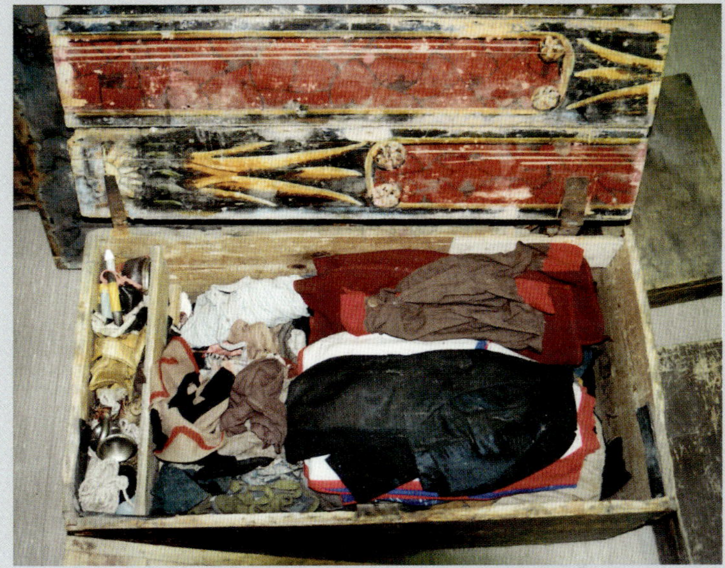

3
Originallagerung des Fundus Ritscher in der Puppentheatersammlung · 2003

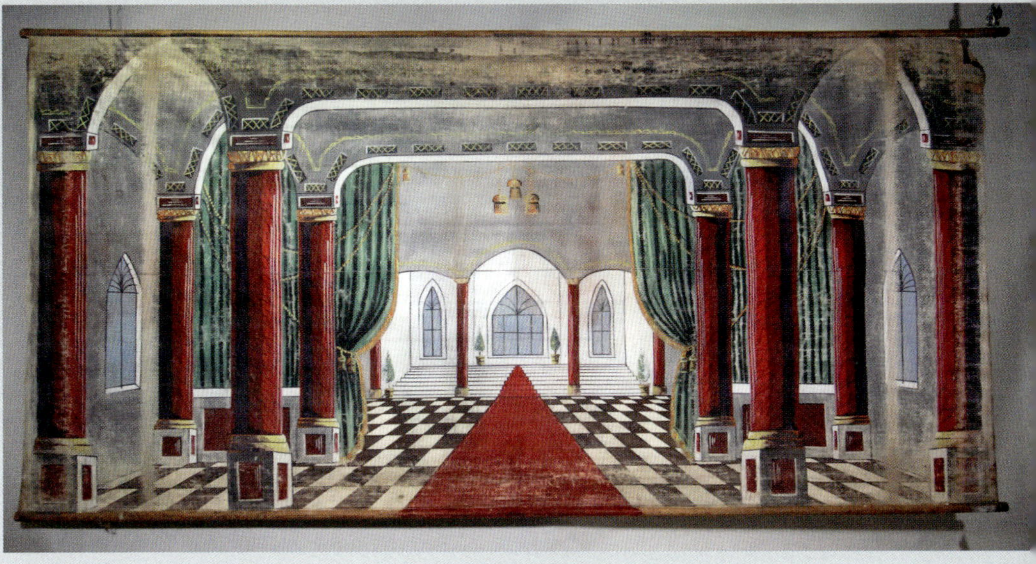

4
Roland Ritscher
Prospekt eines Saales · Sachsen, zweites Drittel 20. Jahrhundert · Leinwand, Holzleisten, Metallnägel · 198 × 398 cm · Puppentheatersammlung, Inv.-Nr. A 6866

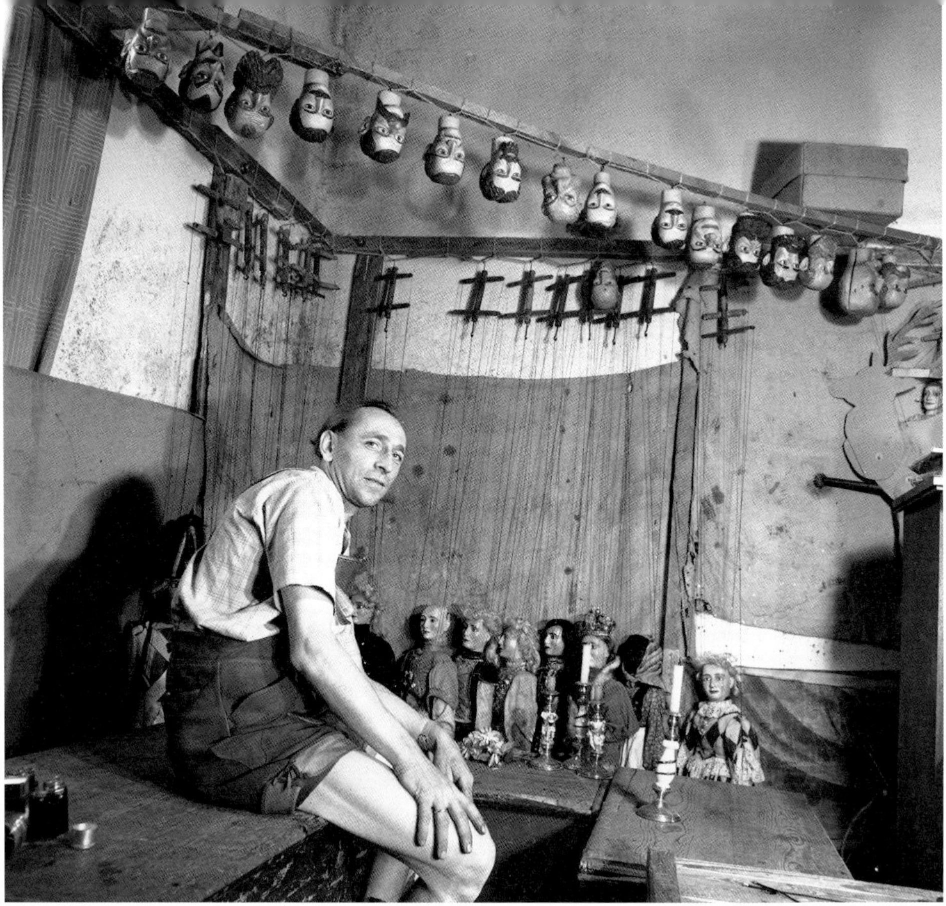

wiegen im Durchschnitt 15 kg und mussten auch innerhalb der Vorstellungen für die Szenenwechsel manuell nach oben gerollt werden können. Rittersäle, Parkanlagen, Bauernstuben oder Waldansichten zeigen die im Barocktheater übliche Zentralperspektive (vgl. Abb. 4). Die Motive wurden auf Leinwand gemalt, ungefähr die Hälfte der vorhandenen Prospekte sind zweiseitig bemalt. Oben und unten ist die Leinwand zwischen zwei halbrunde Holzleisten eingespannt, sodass diese gerollt transportiert werden konnten. Die Länge der Hintergründe deutet auf die Gesamtgröße der Bühne und verdeutlicht, dass eine aufgebaute Marionettenbühne einen eigenen Theaterraum im jeweiligen Gasthof schuf (Abb. 5).

5
Roland Ritscher hinter der Marionettenbühne · Oberlausitz, Juli 1964

Die vergleichsweise leichten Objekte des Bestandes zeichnen sich dagegen durch deren Quantität aus. Trotz zahlreicher Berichte, Beschreibungen oder historischer Abbildungen versteht man den gänzlichen Umfang einer einzelnen Aufführung im traditionellen Marionettentheater beispielhaft im Zusammenhang mit dem Betrachten der zahlreichen Figurenkostüme und deren Einzelteile. Hergestellt wurden die Kostüme von

Martha Ritscher. Es war üblich, dass die Kostüme von den Frauen der Prinzipale gefertigt und bei Bedarf ausgebessert wurden. Schaut man auf die Stoffe, die Verarbeitung sowie die Schmuckdetails, begreift man das Handwerk, welches auch in diesen Objekten steckt. Doch wer hat die Figuren vor jeder Vorstellung angezogen? Laut Roland Ritscher wurde diese Aufgabe in seinem Theater strikt getrennt durchgeführt, was nicht die unbedingt übliche Praxis innerhalb der Marionettenbühne widerspiegelt. Seine Mutter kleidete die Frauenfiguren an, Roland Ritscher übernahm die männlichen Figuren.[7]

Je nach Rolle kann ein Kostüm mitunter aus bis zu 15 Einzelteilen bestehen (Abb. 6). Um eine Beschädigung der Kostüme zu vermeiden, wurden diese nach jeder Vorstellung wieder ausgezogen. Die Einzelteile wie Schuhe, Socken, Hosen, Röcke, Hemden, Kleider, Umhänge, Westen, Blusen, Schürzen und Perücken werden auch in den Depots der Puppentheatersammlung einzeln gelagert. Aus musealer Sicht sind die Bedingungen für die Objekte dort weitaus besser, als während ihrer Nutzung im Marionettentheaterbetrieb. Das Neuverpacken sichert eine druck- und staubfreie Lagerung und damit den Erhalt des Kunstgutes. Die bisher genannten Kostümteile werden durch Kopfbedeckungen, Accessoires wie Gürtel, Jabots, Kragen, Tücher und Taschen ergänzt. Diese umfangreichen Details der Figurenbekleidung sind, gemeinsam mit den realistischen Hintergründen, ein Charakteristikum der traditionellen Marionettenbühnen. Für das Anziehen einer Figur mussten die Fäden am jeweiligen Marionettenkörper gelöst und anschließend durch die Löcher in der Kleidung wieder eingehangen oder angeknotet werden. Die Perücken wurden am Kopf befestigt. Die zahlreichen Nagellöcher in den Marionettenköpfen zeugen eindrucksvoll davon.

Den Marionettenköpfen selbst kommt für die jeweilige Rolle eine besondere Funktion zu. Im Unterschied zum Schauspiel, wo die Gesichter geschminkt werden, ist im geschnitzten Holz (zumeist Lindenholz) der Charakter schon festgelegt. Für das Repertoire wurden Typenköpfe angefertigt, beispielsweise eine »ältere Dame«, ein »Liebhaber« oder ein »Wirt«. Die Köpfe haben am Halsende jeweils einen großen Metallhaken, mit dem sie in die Halsöffnung des jeweiligen Körpers eingehangen werden können. Demnach gibt es im Bestand von Ritscher viel mehr Marionettenköpfe als -körper. Dieses Baukastenprinzip ist typisch für traditionelle Marionettenbühnen, da es aufgrund von Herstellungskosten und Gewicht nicht möglich war, für jede Rolle eine gesonderte Figur zu besitzen. Einzelfiguren wie Märchen- oder Varietéfiguren wurden nicht umgezogen, sondern behielten ihre Kleidung samt Körper und weiteren Besonderheiten.

Im Bereich der zweidimensionalen Objekte lassen sich die Textbücher aus dem Fundus Ritscher beispielhaft für die Repertoiregeschichte herausgreifen. Innerhalb dieses Bestandes befinden sich über 240 Textbücher, davon können aber nur 52 Stück einem Kinderspielplan zugeordnet werden. Der Grund für diesen quantitativen Unterschied liegt in der Spiel-

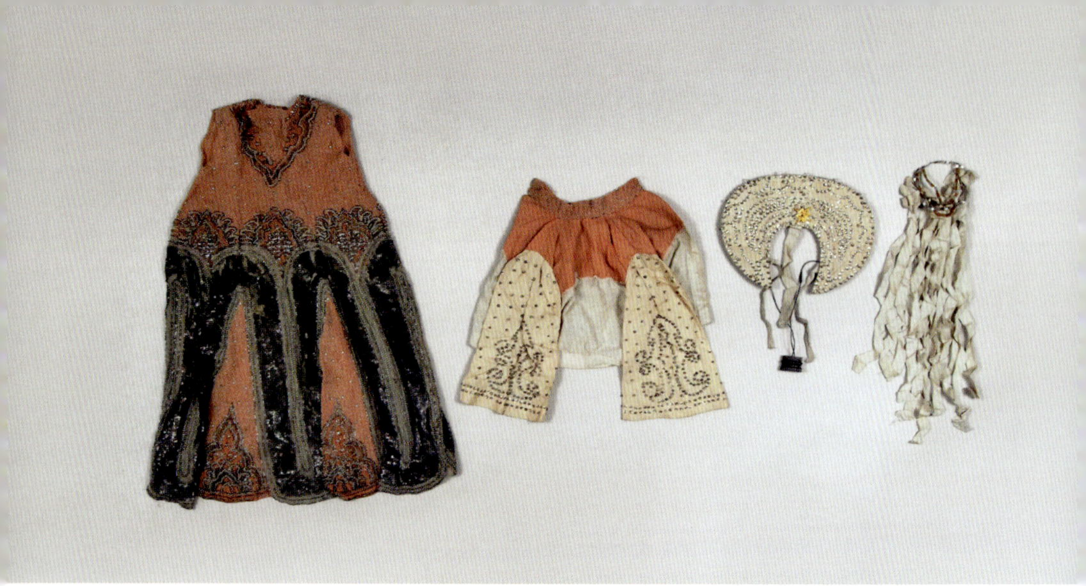

planhistorie, und dass das Puppentheater nicht, wie heute oft vermutet, für Kinder gespielt worden ist. Denn bis 1880 standen ausschließlich Stücke für Abendvorstellungen auf dem Spielplan der Marionettenbühnen. Ab diesem Zeitpunkt gelangten zusätzlich Märchenstücke in das Repertoire.[8] Die weitaus größere Anzahl des Abendspielplanes blieb bis in das 21. Jahrhundert bestehen.

Viele Marionettenbühnen hatten ähnliche Stücke im Repertoire, die sich auch in der umfangreichen Dresdener Textbuchsammlung mit insgesamt über 3000 Bänden widerspiegeln. Auch wenn die Marionettenspielerfamilien häufig miteinander über Generationen hinweg verwandt und verschwägert waren, lagen ihre Spielgebiete getrennt voneinander und wurden auch so gegenseitig akzeptiert. Austausch auf inhaltlicher Ebene fand aber dennoch statt. So findet sich beispielsweise in dem Manuskript »Die steinerne Blume« folgende Notiz: »Für die Marionettenbühne bearbeitet von Heinrich Apel.«[9] Außerdem lag dem Textbuch ein Theaterzettel des Stückes der Marionettenbühne Apels bei. Roland Ritscher übernahm das Repertoire von seinem Vater, der dieses seinerseits von seinem Onkel Arno Ritscher (1852–1959) im Tausch erhalten hatte. Diese Tauschpraxis scheint Roland auch im Fall von Apel weitergeführt zu haben.[10] Neben dem Textbuch sind mehrere Theaterzettel zu dem Marionettenspiel »Die steinerne Blume«, das Bühnenbild mit Soffitte (von oben herabhängende Dekoration im vorderen Bühnenteil), Seitenkulissen, Versatzstücken sowie Kostüme und Requisiten vorhanden. Die mit Glitzer dekorierten Leinwände und mit Glitzerpapier beklebten Versatzstücke aus Pappe verdeutlichen die Perfektion, mit der eine Theateraufführung umgesetzt worden ist.[11]

6
Roland Ritscher
Kostüm der Zauberin aus »Die steinerne Blume« · Sachsen, 1953 · diverse Stoffe, Pailletten, Perlen aus Glas und Kunststoff, Pappe · 74 × 42 cm (Kleid) · Puppentheatersammlung, Inv.-Nr. A 7001,50 a – d

Im Theater von Roland Ritscher wurde kein Detail dem Zufall überlassen. Auch die Szenendekorationen wurden für jedes Stück mit größter Sorgfalt hergestellt und ausgewählt. Davon zeugen zahlreiche Möbelstücke, Tischdecken, Geschirr und Kerzenhalter, häufig mit Kerzenresten und Ersatzkerzen. »Der Packwagen mit seiner Eisenbereifung war so schwer, dass danach die gerade erst neu asphaltierte Straße wieder instand gesetzt werden musste«,[12] berichten Zeitzeugen.

Nicht unerwähnt bleiben soll, dass auch von anderen traditionellen Marionettenbühnen zahlreiche Figuren mit Kostümen, Kulissen, Requisiten und Textbüchern in der Dresdener Sammlung vorhanden sind. Eine Vollständigkeit und nahezu unverändertem Originalzustand kann aber nur Ritschers Marionettentheater aufweisen. Vom Leben Martha und Roland Ritschers zeugen zusätzlich zu den Theaterobjekten Gegenstände und Kleidungsstücke aus deren Alltag. Weihnachtsdekorationen, die zwischen Bühnenrequisiten lagen, mögen irritieren, verdeutlichen aber ebenso die untrennbare Verbindung von realer Lebenswelt und Bühnenwelt.

Roland Ritscher sagte selbst: »Wenn du als Puppenspieler keine Leistung bringst, kommt niemand.«[13] Die von ihm beschriebene »Leistung« bezieht sich aber nicht nur auf die fast täglich verrichtete Arbeit innerhalb der eigenen Marionettenbühne, sondern auch auf die Fortführung im zukünftigen Erhalt des Bestandes in der Puppentheatersammlung. Ritschers Objekte haben ihr Ziel, das Museum als letzte Bühne, erreicht. Nach sieben Generationen folgt die Zeit der stillen Darstellung. Die Objekte dürfen bestaunt und betrachtet werden und erzählen über eine selten gewordene Theaterform.

1 Erwähnt seien die drei Marionettenbühnen Dombrowsky (Nobitz/Thüringen), Pandel und Fischers (beide Frankenberg/Sachsen). **2** Vgl. Andreas Martin, Lars Rebehn, Kurt Dombrowsky, Von einem, der auszog, Marionettentheater zu spielen oder Der schöne, aber mühevolle Versuch, eine alte Tradition am Leben zu erhalten, Dresden 2007, S. 191. **3** Vgl. Olaf Bernstengel, Lars Rebehn, Volkstheater an Fäden. Vom Massenmedium zum musealen Objekt – sächsisches Marionettentheater im 20. Jahrhundert, Halle (Saale) 2007, S. 33 f. **4** Roland Ritscher an den Direktor Johannes Just, Puppentheatersammlung Dresden, 8. 2. 2002, Staatliche Kunstsammlungen Dresden (SKD), Puppentheatersammlung (PTS), Akte Roland Ritscher, o. Bl. **5** Vgl. Olaf Bernstengel, Wie einst bei Schütz und Dreher in Potsdam …«. Ritschers's Künstler-Marionettentheater«, Bielatal/Görlitz 2002, S. 52. **6** Vgl. ebd., S. 92 f. **7** Vgl. ebd., S. 66. **8** Vgl. Bernstengel/Rebehn, 2007, S. 44. **9** Vgl. Manuskript »Die steinerne Blume. Ein Sagenspiel in 7 Bildern«, SKD, PTS, Inv.-Nr. C 4352. **10** Vgl. Bernstengel 2002, S. 77 f. **11** Laut Roland Ritscher wurde das Stück allerdings nicht oft gespielt; vgl. ebd., S. 72 f. **12** Augenzeugenbericht von Renno Fischer. **13** Zitiert nach Bernstengel 2002, S. 84 f.

Alexandra Löser ist Depotmitarbeiterin in der Puppentheatersammlung, Staatliche Kunstsammlungen Dresden.

Mit kunstreichen Mechanismen zur perfekten Illusion

Figuren des mechanischen Welttheaters

Eine Giraffe und ihr Begleiter sind Figuren der Aufführung »Agra. Residenz der indischen Großmoguln mit dem prachtvollen Grabdenkmale der Kaiserin« aus dem Theatrum mundi von Curt Kressig (1893–1970). In mobilen Schaubuden oder in Theatersälen zeigten solche mechanischen Welttheater ihrem Publikum im späten 19. Jahrhundert bewegte Bilder mit Motiven des zeitgenössischen oder historischen Weltgeschehens und gehörten damit zu den Vorgängern früher Kinovorführungen.[1]

Die Motive entsprangen der Kreativität der Schausteller und entsprachen den Erwartungen des Publikums. So kündigte ein Theaterzettel vom 13. Oktober 1887 für die Szene »Agra« das »indische Mausoleum« an, »aus reinem Marmor gebaut«.[2] Das Kulissenteil aus Pappe und Transparenzpapier sollte vermutlich das schon im 19. Jahrhundert in Europa berühmte Taj Mahal in Agra darstellen. Ästhetisch entspricht es jedoch eher europäischen Vorstellungen von orientalischen Prachtbauten. Das Gleiche gilt für die »Stadt [Agra] mit ihren zahlreichen Thürmen, Moscheen und vergoldeten Zinnen«.[3]

Auch die gezeigten Tiere folgten zeitgenössischen exotistischen Vorstellungen. Zu sehen waren »Schlangen, Bären, Kameele, Giraffen [und] Elephanten«.[4] Hervorgehoben werden deren »natürliche [...] Bewegungen« und der überraschend »kunstreiche Mechanismus der kleinen mechanischen Figuren«.[5] Während der Aufführungen bewegten sich diese, fixiert auf kleinen Schlitten, entlang einer von sechs parallel hintereinander angeordneten Schienen über die Bühne. Seitlich angebrachte Räder übertrugen ihre Bewegung über hölzerne Hebel, Gelenke und Drähte auf die Gliedmaßen oder andere bewegliche Elemente der Figuren. Unterstützt wurde diese Illusion der Bewegung durch die geschickte Anordnung der Kulissenelemente, die die Mechanik vor dem Publikum verdecken sowie eine weiche und diffuse Bühnenausleuchtung, die Bewegungen fließender erscheinen ließ. Zusätzlich trugen ein beweglicher Theaterhimmel und die Begleitmusik, die dem Stück seine Dramaturgie verliehen, zum immersiven Theatererlebnis bei.[6]

Das ideale Zusammenspiel von Bewegung, Beleuchtung und Musik lässt sich aus konservatorischen Gründen nicht rekonstruieren, denn die fragilen Figuren und Kulissen dürfen nicht mehr bewegt werden. Zugleich tradieren sie zusammen mit einigen Theaterzetteln und vereinzelten Quellen das Wissen über das historische Theatrum mundi. Für eine moderne Form der Rekonstruktion und Reinszenierung dieser fast vergessenen Figurentheaterform wurden die Figuren und Kulissen der Szene

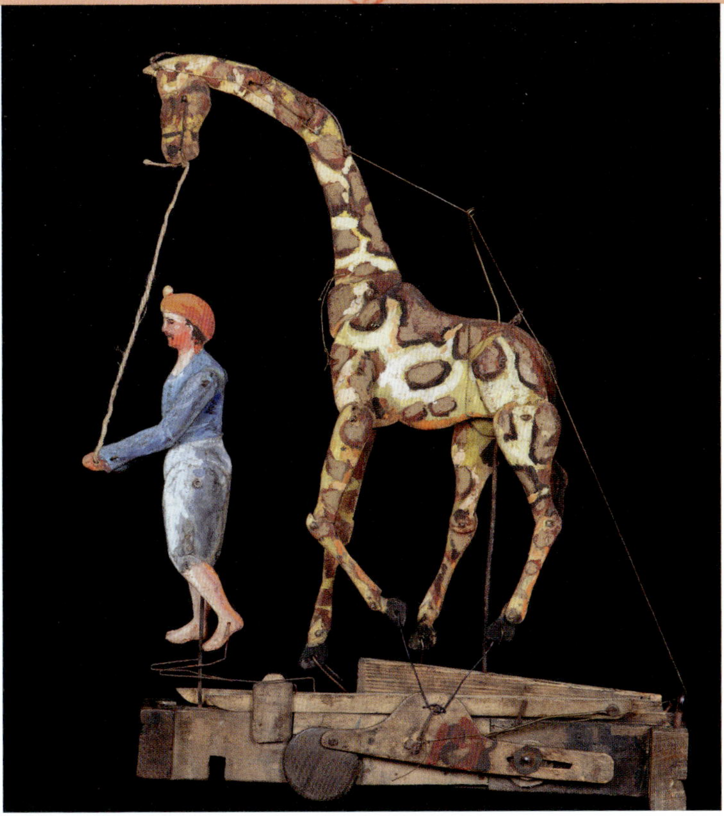

Friedrich Gierke (Gestalter)
Orientale mit Giraffe · zweite Hälfte des 19. Jahrhunderts · Holz, Metall, Faden · 36,2 × 4,5 cm, Länge der Laufschiene 31,1 cm · Puppentheatersammlung, Inv.-Nr. A 3625

»Agra« digital nachmodelliert und in einen digitalen Bühnenraum eingefügt. Dieses interaktive Tool dient der Forschung und musealen Vermittlung und ermöglicht, die atmosphärische Wirkung von »Agra« online nachzuerleben.[7] Mario Kliewer

1 Zur Geschichte des Theatrum mundi sowie der Bühne von Curt Kressig vgl. Lars Rebehn, Das Theatrum mundi oder: Die Welt im Kleinen, in: Der Schlüssel zum Leben. 500 Jahre mechanische Figurenautomaten, Ausst.-Kat. Mathematisch-Physikalischer Salon, Museum für Sächsische Volkskunst, Puppentheatersammlung (PTS), Staatliche Kunstsammlungen Dresden (SKD) 2022, hg. von Peter Plaßmeyer, Hagen Schönrich, Igor A. Jenzen, Dresden 2022, S. 130–139. **2** Vgl. Theaterzettel »Sonnabend, den 13. August 1887. Theatrum mundi. Grand Théâtre mécanicque. Automaten- u[nd] physikalisches Kunst- u[nd] Welt-Theater«, SKD, PTS, Inv.-Nr. C 1573. Für die beschriebenen Kulissenelemente und Figuren vgl. Lars Rebehn, Agra. Die digitale Rekonstruktion einer historischen Theatrum mundi-Szene, online unter https://skd-online-collection.skd.museum/Kollektion?id=1544 (14. 3. 2024). **3** Vgl. Theaterzettel 1887, SKD, PTS, Inv.-Nr. C 1573. **4** Vgl. ebd. **5** Vgl. ebd. **6** Vgl. ebd.; Rebehn 2022, S. 130. **7** Vgl. u. a. Rebehn, Agra. Die digitale Rekonstruktion einer historischen Theatrum-mundi-Szene (Anm. 2); Mario Kliewer, Realitätseffekte. Materialien im imaginären Museum Puppets 4.0 und in einer digitalen Theatrum mundi-Aufführung, in: DOUBLE. Magazin für Puppen-, Figuren- und Objekttheater 19 (2022), Nr. 45, S. 18 f.

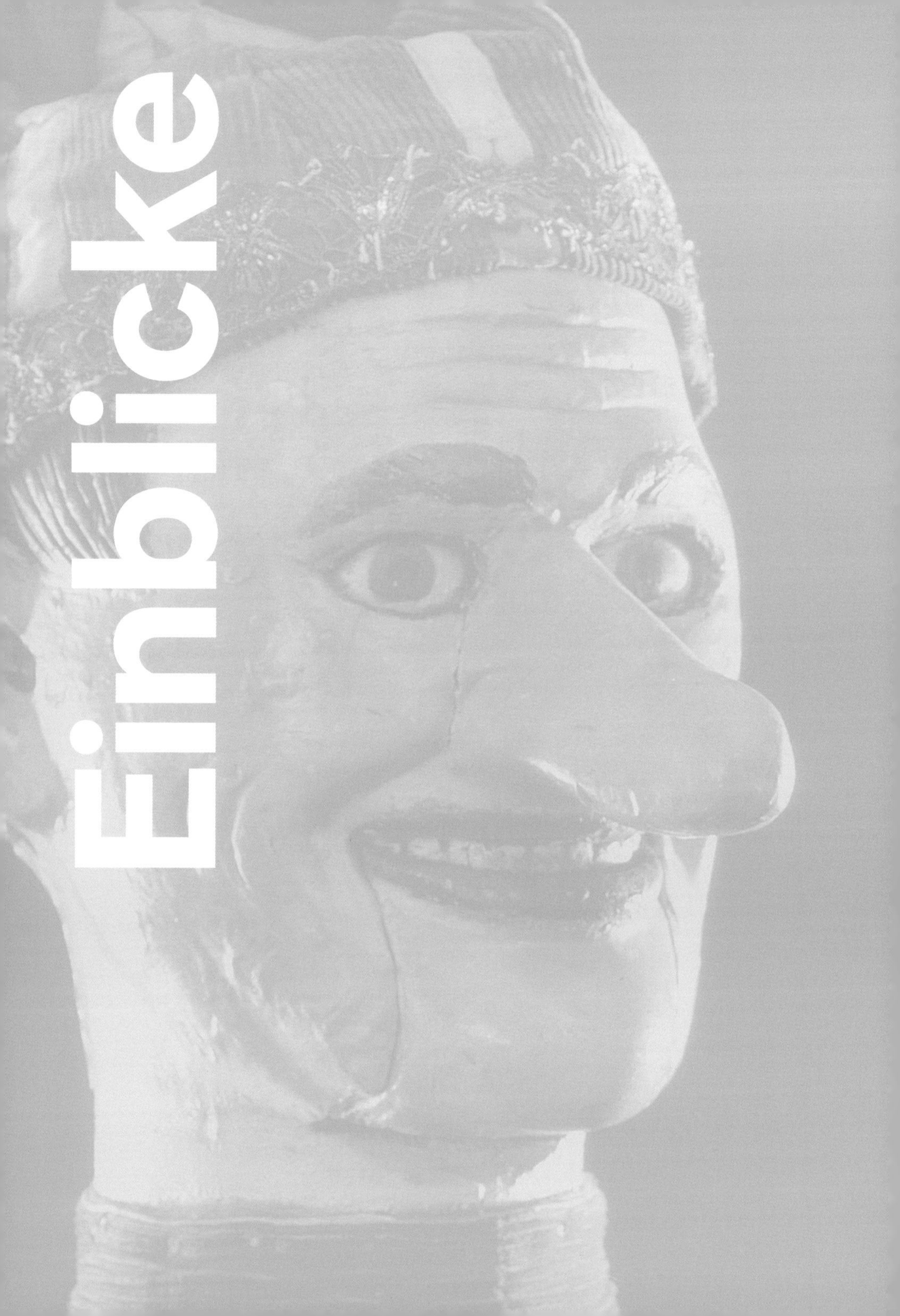
Einblicke

Buchtipp

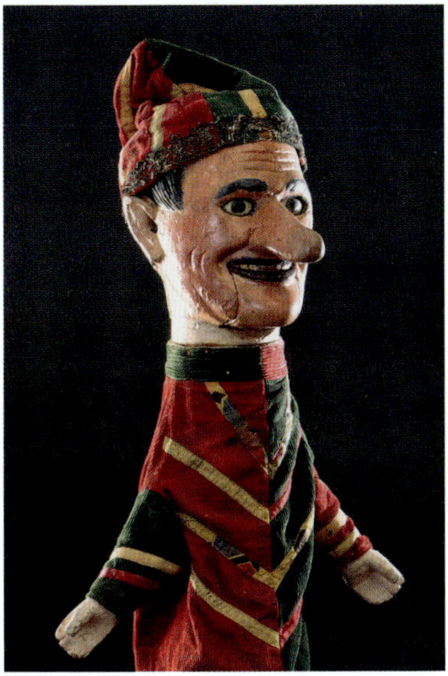

Paradekasper mit beweglichem Mund
Handpuppe aus Alfred Treuners Dresdener Kaspertheater · erstes Viertel 20. Jahrhundert · Holz, Textilien · Höhe circa 88 cm · Puppentheatersammlung, Inv.-Nr. Zug. 25992

500 Jahre Kaspereien

Mitteldeutsches Marionettentheatermuseum Bad Liebenwerda (Hg.), Kaspers Welten. Kaspertheater als immaterielles Kulturerbe, Bad Liebenwerda 2024.
Zu sehen in der Kunstbibliothek

Hanswurst, Meister Hämmerlein, Pickelhäring, Punsch oder Putschenelle – das alles sind Namen für ein und dieselbe Figur, die wir heute zumeist als Kasper kennen und der im Handpuppen- sowie im Marionettentheater die prominenteste Rolle zukommt. Mit dieser Figur in all ihren Facetten beschäftigt sich der vor Kurzem erschienene Band »Kaspers Welten«. Bereits seit 2021 ist das »Kaspertheater als Spielprinzip« in die Liste des immateriellen Kulturerbes der UNESCO in Deutschland aufgenommen. Die Publikation ist eine wichtige Unterstützung auf dem Weg zur Aufnahme in die internationale Welterbeliste.

Die ältesten Ursprünge für die Figur des Kaspers lassen sich im deutschsprachigen Raum im 16. Jahrhundert mit Meister Hämmerlein finden, der mit den Attributen Hässlichkeit und Brutalität assoziiert und teils sogar wie von Lars Rebehn im vorliegenden Band beschrieben »für den Teufel, den Henker und sogar den Tod« steht. Im späten 17. Jahrhundert taucht dann im Österreichischen der Hanswurst auf. Ungefähr zeitgleich ist vor allem im romanischen Sprachgebiet die Figur Pulcinella in wechselnden Schreibungen dominierend, während sich in England die Kasperfigur als

Jack Pudding oder Punch und in Frankreich als Jean Potage bzw. Guignol großer Beliebtheit erfreute.

Ab der Mitte des 19. Jahrhunderts firmiert die lustige Figur des Puppentheaters dann als der uns vertraute Kasper, Kasperl oder Kasperle. Das damals typische Erscheinungsbild – übergroße Nase und Kinn, Buckel, vorstehender Bauch in bunt gemusterten, weiten Kleidern und einer meist roten Zipfelmütze – wird nach und nach weniger übertrieben, dafür aber natürlicher gestaltet. Das wichtigste Utensil, die Klatsche oder Pritsche, bleibt jedoch bestehen und ist integraler Bestandteil der kurzen, sehr expressiven Spielszenen, die mit viel Wortwitz gespickt waren und zumeist damit endeten, dass der Widerpart des Kaspers nach einer wilden Schlägerei getötet wurde. Wie Lars Rebehn ausführt, ist und blieb dieses »Grundgerüst der Handlung über Jahrhunderte und Ländergrenzen hinweg sehr stabil« und sorgte zuverlässig für Vergnügen beim Publikum.

Mit Beginn des 20. Jahrhunderts setzte eine völlige Umkehr der Figur des Kaspers ein, die auch mit dem schrittweisen Verschwinden der traditionellen Spielweise der Puppentheater einherging und in einer erzieherischen Form der Kasperfigur mündete. Im pädagogischen Puppenspiel sind Kinder die Hauptzielgruppe. Der Kasper ist nun eine moralisch gute Figur mit Autorität, die zwar noch vorlaut daherkommt, aber nicht mehr auf die gewohnt brutale Art und Weise agiert. Einen großen Anteil am heutigen positiven Image des Kaspers hat die Hohnsteiner Puppenbühne, die in den 1920er Jahren aus der Wandervogelbewegung heraus in Sachsen entstanden ist.

Der Kasper hält der Gesellschaft den Spiegel vor, spart nicht an Kritik an der Obrigkeit, wird von dieser aber auch für teils propagandistische Zwecke instrumentalisiert. Der Band »Kaspers Welten« zeigt die Entwicklung einer wichtigen Figur der Kulturgeschichte in all ihrer Fülle und wirbt damit auch für den Erhalt der Tradition des Puppentheaters. **Katharina Conrad**

Mitteldeutsches Marionettentheatermuseum Bad Liebenwerda (Hg.), Kaspers Welten. Kaspertheater als immaterielles Kulturerbe, Bad Liebenwerda 2024, Cover · 144 Seiten · Kunstbibliothek, Sign. KR 300 Puppe 2024 Kasper

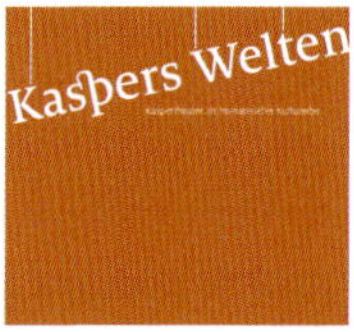

Minimiminiminiaturen
Die kleinste Ausstellung der Welt

Ausstellung des Museums für Sächsische Volkskunst
Jägerhof
16. März – 20. Oktober 2024

Es ist eine handbeschriebene Erbse, die eine entscheidende Rolle in der Entstehungsgeschichte der Ausstellung »Minimiminiminiaturen. Die kleinste Ausstellung der Welt« spielt. Die Sammlung des Museums für Sächsische Volkskunst beherbergt einen immensen Bestand an winzigen Dingen. Die Auswahl von Erbse bis Walnuss, einem Medaillon aus Haaren bis zum bemalten Zebrafinkenei zeigen die große Vielfalt dieser kleinen Formate.

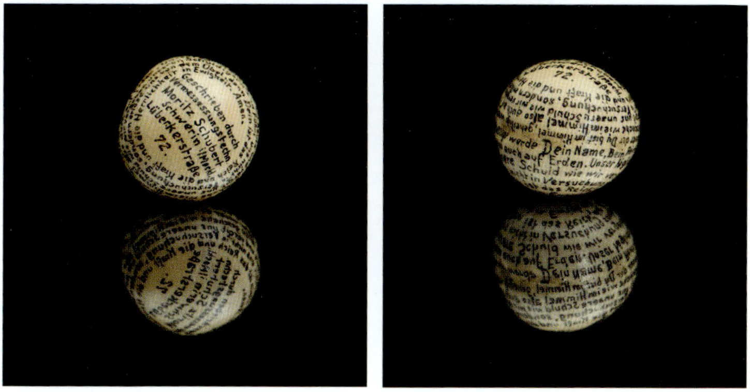

Sebastian Köpcke, Volker Weinhold
Fotografien einer mit einem Gebet handbeschriebenen Erbse von Moritz Schubert (Inv.-Nr. E 2142) · 2023 · ChromaLuxe-Druck · 1,20 × 1,20 m (links), 60 × 60 cm (rechts) · Museum für Sächsische Volkskunst, ohne Inv.-Nr.

Die Erbse aber wurde vom Museumsteam als Lieblingsobjekt aus der Dauerausstellung besonders häufig genannt.

Der Vermessungstechniker und Ingenieur Moritz Schubert (*1894) fertigte dieses erstaunliche Kunststück 1937 und schenkte die Erbse 1989 dem Museum. Dank seines beigelegten Briefes sind uns nicht nur biografische Details und die Geschichte hinter dem winzigen Kunstwerk bekannt, sondern auch genaue Angaben über seine Herstellung. Bei vielen anderen Miniaturen bleibt dies meist ein Geheimnis. So hat Schubert in einer spontanen Aktion nur 1,5 Stunden gebraucht, um zwei mal das Vaterunser auf einer weißen Erbse zu verewigen. Verwendet hat er dafür eine seiner spitzen, englischen Zeichenfedern, mit Spiritus verdünnte chinesische Tinte und einen Fadenzähler als Lupe sowie eine Hosenklemme zum Einspannen. Kollegialer Wettstreit und der Eifer, die eigenen außergewöhnlichen Fertigkeiten unter Beweis zu stellen, motivierten ihn zu dieser Meisterleistung.

Es ist Enthusiasmus für das Kleine, der auch aus den anderen 15 Werken in der wohl »kleinsten Ausstellung der Welt« spricht. Das Bild der Erbse zeigt, welche Wirkung die Kombination der Miniaturen mit ihren jeweiligen großformatigen Fotografien des Berliner Duos Sebastian Köpcke und Volker Weinhold (»Sammlungsfotografen«) erreichen kann. Miniaturen haftet oft der Schein des Marginalen an – es ist leicht, sie zu übersehen. Die zurückgenommene Inszenierung der Fotografen, die über das rein Dokumentarische hinausgeht, überlässt den Werken die Bühne und verhindert, den Detailreichtum der winzigen Objekte zu versäumen. Die beiden Erbsen-Fotografien machen das Gebet auf der Erbse Wort für Wort lesbar. Schaffen es die Miniaturen einmal die Blicke auf sich zu ziehen, üben sie eine große Faszination aus. Aus der Erbse spricht, was auch andere Miniaturen eint: die bewundernswerte Kenntnis der Schaffenden von Materialien und Techniken sowie Begeisterung für winzige Welten. **Sarah Felix**

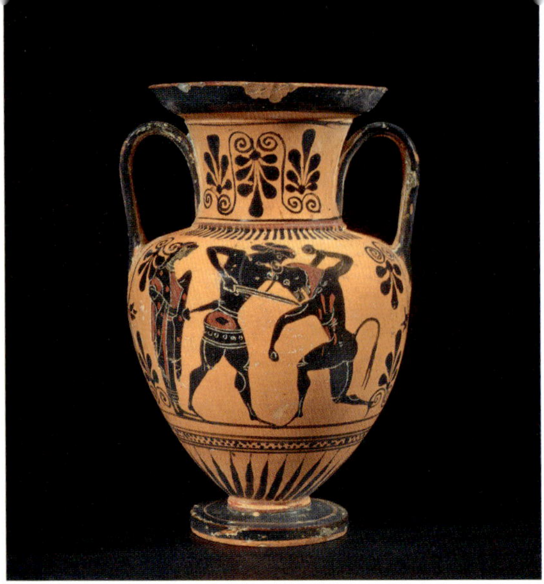

Halsamphora »Theseus und Minotaurus«
Punkt-Band-Klasse, Bompas-Gruppe · attisch, um 500 v. Chr. · Ton · Höhe 16,9 cm · Skulpturensammlung bis 1800, Inv.-Nr. Dr. 233

»Das Wunderbare in der Kunst und Art der Alten«
Meisterwerke antiker Vasenkunst

Ausstellung der Skulpturensammlung bis 1800
Zwinger, Gemäldegalerie Alte Meister, Semper-Kabinett
9. Mai – 17. November 2024

Für Johann Joachim Winckelmann (1717–1768), den Begründer der Klassischen Archäologie und modernen Kunstwissenschaft, waren antike bemalte Tongefäße »wie die kleinesten geringsten Insecten die Wunder in der Natur, das Wunderbare in der Kunst und Art der Alten«.

Die mit dem Winckelmann-Zitat betitelte Kabinettausstellung zeigt etwa 80 ausgewählte griechische und unteritalische Gefäße vor allem des 6.–4. Jahrhunderts v. Chr. Die Sammlung der Antiken geht auf August den Starken zurück, der vor etwa 300 Jahren die ersten Vasen aus Italien erwarb. Inzwischen ist der Bestand auf circa 2 000 Gefäße angewachsen. Zu den frühen Zugängen gehört eine kleine schwarzfigurige Amphora, die am 24. Mai 1773 durch Johann Friedrich Wacker, Inspektor der Antikensammlung und des Münzkabinetts, Eingang in die Sammlung fand.

Auf dem um 500 v. Chr. entstandenen Gefäß ist der heldenhafte Theseus zu sehen. Mit gezücktem Schwert hat er ein Mischwesen aus Mensch und Stier am Handgelenk gepackt, bereit, es gleich zu töten. Der Mythos erzählt, dass dem Minotaurus alle neun Jahre sieben Jungen und sieben Mädchen aus Athen geopfert werden mussten und der sagenhafte Dädalus eigens für das Ungeheuer ein Labyrinth errichtet hatte, um es darin gefangen zu halten. Nach erfolgter Siegestat musste Theseus aus diesem wieder herausfinden, was ihm mithilfe der verliebten Königstochter Ariadne und ihrem Faden gelang. Theseus-Darstellungen gehörten in der Zeit des ausgehenden 6. Jahrhunderts v. Chr. zu den beliebtesten Themen der attischen Vasenmalerei – kein Wunder, galt er den Athenern doch als mythischer und vorbildlicher König sowie Gründer ihres Stadtstaates.

Interessant ist das Gefäß nicht nur wegen seiner Darstellung, sondern auch weil es einen berühmten Vorbesitzer hat. Der Dresdener Hofmaler Anton Raphael Mengs (1728–1779) besaß neben einer umfangreichen Abgusssammlung auch einen umfassenden Bestand antiker Vasen. Mengs' Freund, der eingangs zitierte Winckelmann, veröffentlichte die Amphora in seiner Schrift »Monumenti antichi inediti« 1767. Im selben Jahr erschien das Vasenbild auch in der Prachtpublikation der Vasensammlung Sir William Hamiltons (1730–1803). Der britische Diplomat und Vulkanologe hatte während seiner Zeit in Neapel wie kein Zweiter antike Vasen aus der unmittelbaren Umgebung zusammengetragen und eine außerordentliche Sammlung angelegt. Mit der Veröffentlichung dieser löste er in ganz Europa ein umfassendes Vasensammelfieber aus.

Seitdem bezaubern die antiken Gefäße Liebhaber*innen, Fachleute und Sammler*innen durch ihre harmonischen Formen, ihre ornamentalen Verzierungen und figürlichen Motive aus Alltag und Mythos. **Saskia Wetzig**

Schach! Fürstliche Spielwelten

Ausstellung des Grünen Gewölbes
Residenzschloss, Neues Grünes Gewölbe, Sponsel-Raum
7. Juni – 20. Oktober 2024

Läuferfigur mit Signatur
Paul Heermann · Dresden, um 1705 · Elfenbein · Höhe 6,2 cm · Grünes Gewölbe, Inv.-Nr. L 2023/1/16

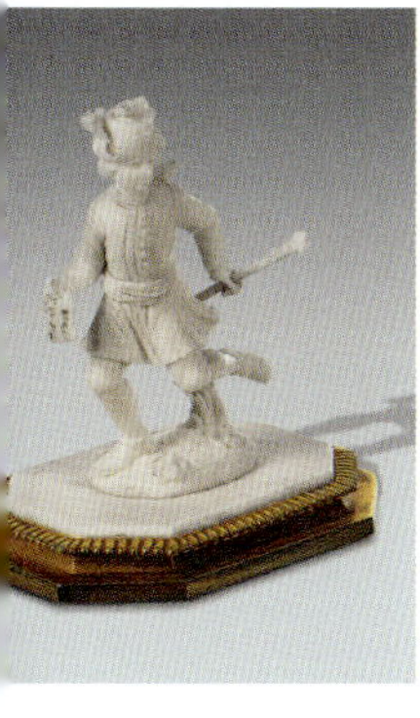

Dank der großzügigen Unterstützung durch die Ernst von Siemens Kunststiftung bereichert seit 2023 ein spektakuläres Prunkschach aus der Zeit Augusts des Starken die Sammlung des Grünen Gewölbes. Insbesondere die 32 vollständig erhaltenen Figuren aus Elfenbein und Ebenholz stechen durch ihre künstlerische Präzision und dynamische Haltung hervor. Stilistische Untersuchungen und Vergleiche mit Elfenbeinfiguren aus den Beständen des Grünen Gewölbes und des Landesmuseums Württemberg in Stuttgart haben gezeigt, dass es sich nur um Arbeiten Paul Heermanns (1673–1732) handeln kann. Der Künstler zählt neben Balthasar Permoser zu den bedeutendsten Bildhauern des Barock in Sachsen und schuf neben einer Reihe kleinformatiger Werke monumentale Sandsteinskulpturen in Prag, Leipzig und am Wallpavillon des Zwingers, Meisterwerke aus Marmor sowie Grabmäler, Epitaphien und Altäre. Auf einem winzigen Zettel in der rechten Hand einer der weißen Läuferfiguren des Prunkschachs sind in feinen Linien die Buchstaben »HER/MAN« zu erkennen, was die Annahme der Urheberschaft Heermanns bekräftigt.

Die Gold- und Silberfassungen der Figurensockel sind in der Werkstatt des Augsburger Goldschmieds Paul Solanier (1635–1724) gefertigt worden. Auf der Unterseite verweist das verwendete Stadtbeschauzeichen auf einen Entstehungszeitraum zwischen 1705 und 1709. Der hölzerne Spielkasten mit seinem Furnier aus Schildpatt, grün gefärbtem Elfenbein und silbernen Einlegearbeiten stammt gleichfalls aus Augsburg. Die Qualität und die verwendeten Materialien deuten auf den ursprünglich aus Sachsen stammenden Silberkistler Heinrich Eichler d. Ä. (1637–1719) hin.

Bevor das Spiel 2018 durch das Auktionshaus Christie's erstmals der Öffentlichkeit präsentiert wurde und 2023 in der Pariser Galerie Kugel zu sehen war, hatte es sich über Jahrhunderte im Besitz der Familie von Münch in Süddeutschland befunden. Der Ankauf dieses seltenen Beispiels europäischer Schatzkunst bedeutet für das Grüne Gewölbe einen Glücksfall, denn in den historischen Kunstkammer-Inventaren des 17. und 18. Jahrhunderts werden mehrere, heute verlorene Schachspiele mit Elfenbein- und Ebenholzfiguren geführt.

Neben der Elfenbeinkunst Paul Heermanns in Dresden, der Zusammenarbeit der Gewerke und der Provenienz des Prunkschachs thematisiert die Kabinettausstellung im Sponsel-Raum auch die Bedeutung des König-Spiels am Hof und die Zusammenstellung der Figuren, die Fragen zum Blick der Europäer*innen auf die außereuropäische Welt zu Beginn des 18. Jahrhunderts aufwirft. **Jan-Markus Göttsch**

Prunkschach mit Figuren
Paul Heermann, Paul Solanier, Heinrich Eichler d. Ä. · Dresden und Augsburg, 1705–1709 · Elfenbein, Ebenholz, Schildpatt, Silber · 19,5 cm (mit Figuren) × 57,5 × 56,8 cm · Grünes Gewölbe, Inv.-Nr. L 2023/1–33 (Dauerleihgabe der Ernst von Siemens Kunststiftung)

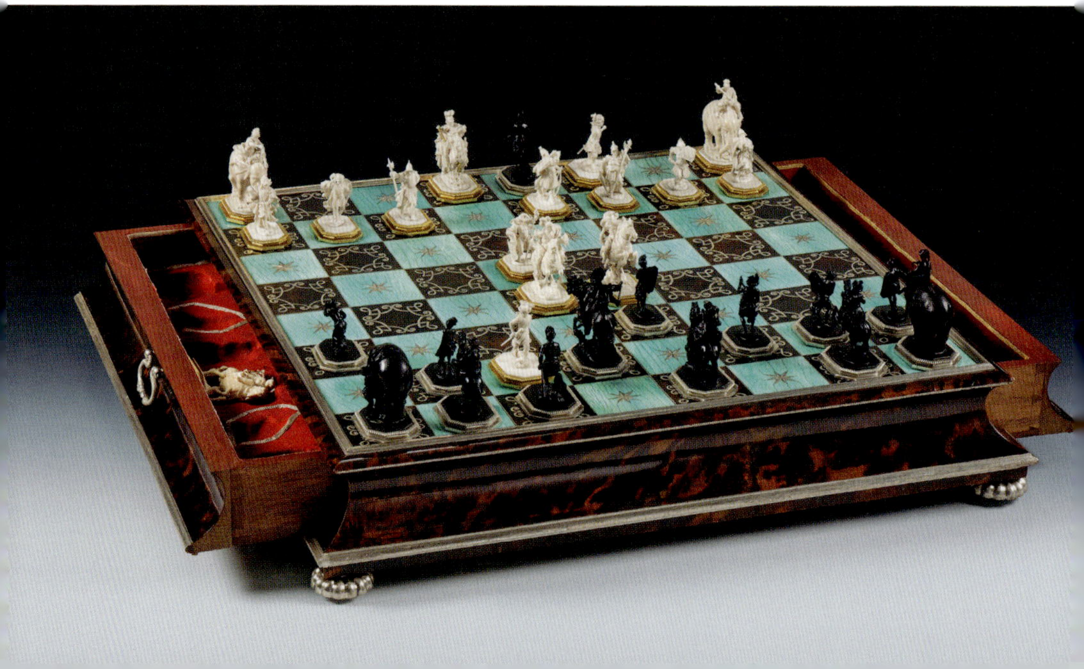

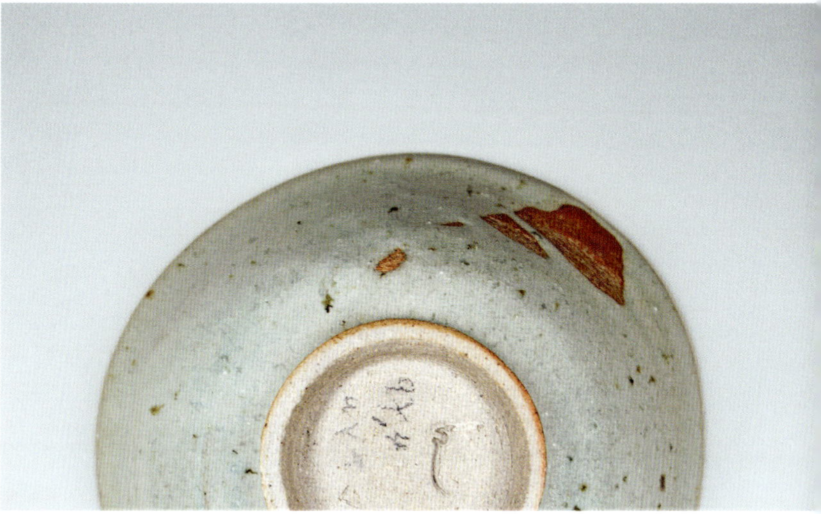

Barbara Kahlen
Detailansicht einer Teeschale · 1980–2010 · glasiertes Steinzeug · Höhe 7 cm, Ø 15,5 cm · Kunstgewerbemuseum, Inv.-Nr. 58194

Barbara Kahlen: 108 Teeschalen – Chawan 茶わん – Cháwån 茶碗

Rauminstallation des Medienkünstlers Wolf Kahlen
Kunstgewerbemuseum, Schloss Pillnitz, Wasserpalais
20. Juli – 3. November 2024

Das Werk von Barbara Kahlen (* 1942) bietet einen tiefen Einblick in die Welt der keramischen Materialforschung sowie in die sinnliche Ästhetik der Teeschale als meditatives Kunstwerk. In Kunst- und Werkpädagogik in Braunschweig und Berlin ausgebildet, vertiefte sie zu Beginn der 1980er Jahre bei der Dornburger Bauhausschülerin Rose Krebs in New York das keramische Handwerk. Ihr künstlerischer Werdegang führte zu Aufenthalten in Südamerika und Asien, unter anderen Nepal, Bhutan, Indien, China und Japan. Kahlen betrachtet die ostasiatische Teeschale, auch bekannt als »Chawan«, als den Höhepunkt der Töpferkunst. Hierbei hat die Künstlerin sich zum Ziel gesetzt, die technischen Herausforderungen dieser Kunstform zu meistern.

Jedoch ist die Erschaffung von Teeschalen für sie weit mehr als die Wiederholung einer Form: Es ist ein Prozess, bei dem ihre gesammelten Erkenntnisse und Erfahrungen in jeden Schritt einfließen. Diese langjährigen künstlerischen Ideen, Experimente und Ergebnisse wurden durch verschiedene Zeichnungen und Brandprotokolle dokumentiert. Die Auswahl der 108 Teeschalen aus ihrem Studio in Berlin spiegelt nicht nur die technische Vielfalt von Kahlens Werken wider, sondern symbolisiert auch den transmedialen Prozess, der in der buddhistischen Lehre mit den 108 irdischen Versuchungen verbunden ist. Sie gilt es, auf dem Weg zur Erleuchtung zu überwinden.

In einer konzentrierten Anordnung wird der Aspekt dieser sinnlichen Prozesse durch eine Rauminstallation des Medienkünstlers und Lebenspartners Wolf Kahlen veranschaulicht: Die Teeschalen werden auf drei Ebenen positioniert und wechseln täglich – 108 Tage lang – ihre Seiten, sodass die Besuchenden sie aus verschiedenen Blickwinkeln betrachten können. Dabei erleben sie nicht nur verschiedene Formen und Materialien der Teeschalen, sondern tauchen auch in die Welt der Teezeremonie ein, die als Gesamterlebnis verstanden werden kann.

Anlass für die Präsentation bietet der Ankauf eines kleinen Konvoluts von Barbara Kahlens Teeschalen für das Kunstgewerbemuseum. Die Vielfalt an asiatischen Dekor- und Glasurtechniken findet sich bereits in der Sammlung, wie in frühen Arbeiten seit dem 17. Jahrhundert bis hin zu einer Schenkung diverser japanischer Keramiken aus den 1970er Jahren, darunter Teeschalen, Vasen und Kannen von renommierten zeitgenössischen Keramikkünstlern wie Itō Suiko (1894–1980). Das neu erworbene Konvolut belegt nicht nur die Vielfalt der Herstellungstechniken und Materialität, sondern auch die Bedeutung und Kontinuität des kulturell-künstlerischen Austauschs zwischen Deutschland und dem asiatischen Raum. **Thomas A. Geisler, Sojin Baik**

Artists' Conquest
Über die Natur

Ausstellung des Kunstgewerbemuseums und der
Staatlichen Schlösser, Burgen und Gärten gGmbH
in Kooperation mit dem Kunstfonds
Schloss Pillnitz
10. August – 3. November 2024

Das Gemälde »local building« des Leipziger Künstlers Ulf Puder (* 1958) zeigt in naturalistischer Malweise ein Stück »Natur«, das scheinbar aus seiner ursprünglichen Umgebung herausgelöst und wie ein Bauteil versetzt wird. Wie an Marionetten-Fäden wird der feinsäuberlich abgetrennte »Natur-Würfel« angehoben. Das wirft die Frage auf, wie viel natürliche Umgebung es überhaupt noch gibt, oder ist nicht alles Bühne und Inszenierung? Puders humoristisch wirkendes Motiv ist geradezu paradigmatisch für den Umgang des Menschen mit der Natur. Das Gemälde zeigt: Wir Menschen heben die Natur aus den Angeln, sie ist heute nicht mehr »gegeben«, sondern überwiegend nur noch »gestaltet«. Es wird neben zehn weiteren Werken von neun zeitgenössischen Künstlerinnen und

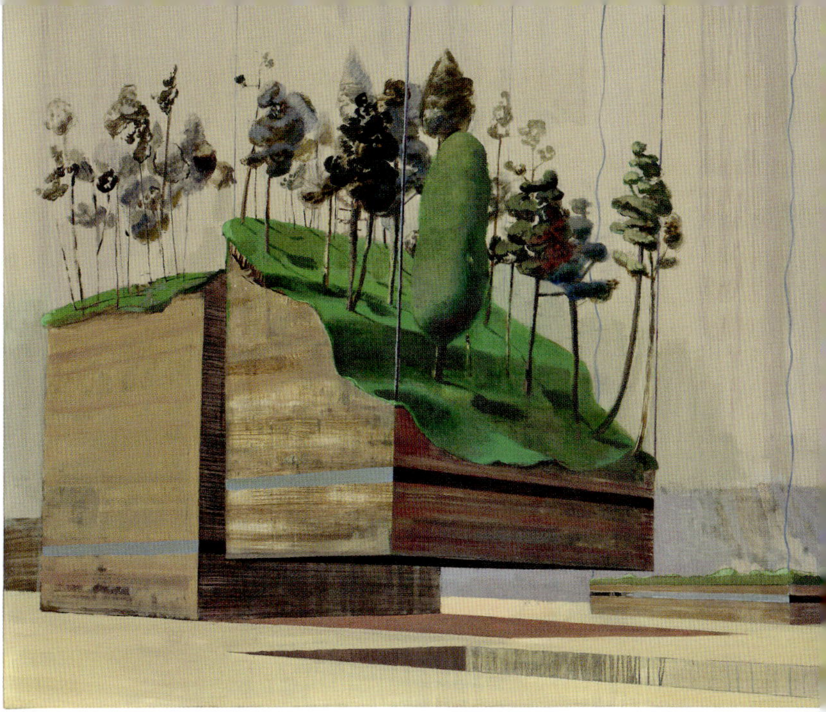

Ulf Puder
local building · 2003 · Öl/Leinwand · 200 × 230 cm · Kunstfonds, Inv.-Nr. 19/2003

Künstlern – Benjamin Dittrich, Cornelia Schleime, Manuel Frolik, Oliver Matz, Sebastian Stumpf, Stephan Ruderisch, Taemen Jung, Ulrich Gebert und Ulrike Gärtner – in der Ausstellung zu sehen sein.

Schweift der Blick dann von den Kunstwerken in den Schlosspark, sieht man womöglich die Gärtner*innen beim Einbringen der Herbstbepflanzung – ein sorgfältig konzipiertes Blütenspektakel nach barockem Vorbild für den denkmalgeschützten Lustgarten. Eine Inszenierung nach höfischem Gusto: Natürlich gewachsene Natur hat hier keine Chance.

Wie im Kleinen ist heute fast alles uns umgebende gestaltete Kulturlandschaft. Urwälder sind weit an die Ränder der Zivilisation verdrängt, unsere Wälder gleichen Plantagen und alles ist der Nutzung durch den Menschen unterworfen: Rohstoffgewinnung, Urbanisierung, Industrialisierung und sonstige menschliche Infrastruktur haben die Natur bis zur Unkenntlichkeit überformt. Themen der Nachhaltigkeit haben sich erst in den letzten Jahrzehnten, dafür aber mit zunehmender Dynamik entwickelt. Unter dem Eindruck merklicher Klimaveränderungen mehren sich weltweit Forderungen nach aktiverem Naturschutz, sogar bis hin zur gesetzlichen Verankerung von Rechten der Natur.

Diese Themen reflektiert auch die Ausstellung »Pflanzenfieber. Botanik, Mensch, Design«, die bereits in zweiter Saison im Kunstgewerbemuseum präsentiert wird. Mit klaren Worten ruft sie auf zu einem Umdenken des anthropozänen Verhältnisses zur Pflanzenwelt. Dieser Aufruf bekommt in 2024 nun noch Verstärkung durch künstlerische Annäherungen in der gemeinsam mit der Staatlichen Schlösser, Burgen und Gärten Sachsen gGmbH erarbeiteten Ausstellungsreihe »Artists' Conquest«. Jedes Jahr im Sommer erobern nun zeitgenössische Künstler*innen die historischen Palais und setzen Schloss und Parkanlage in neue Kontexte.

In diesem Jahr loten Werke aus dem Kunstfonds, die alle in den letzten 30 Jahren über die Förderankäufe des Freistaates Sachsen für die Sammlung erworben wurden, das Spannungsfeld zwischen Kultur und Natur aus und weisen auf die existenzielle wechselseitige Abhängigkeit hin, wie sie die Marionetten-Fäden von Puders Waldstück so treffend versinnbildlichen. **Nora Grunwald, Silke Wagler**

Caspar David Friedrich
Wo alles begann

Ausstellung des Albertinum und des Kupferstich-Kabinetts
Albertinum und Residenzschloss, Kupferstich-Kabinett
24. August – 17. November 2024 (Kupferstich-Kabinett),
24. August 2024 – 5. Januar 2025 (Albertinum)

Wie kaum ein anderes Werk Caspar David Friedrichs steht das Ölgemälde »Zwei Männer in Betrachtung des Mondes« (1819/20) für die Motivwelt der Romantik. Umrahmt von einer immergrünen Fichte und einer kahlen Eiche zeigt es ein Figurenpaar in Rückenansicht. Das kleine Gemälde gelangte 1840 durch Johan Christian Dahl, ein Freund Friedrichs, in die Sammlung der Dresdener Galerie. Er hatte es 20 Jahre zuvor von Friedrich im Tausch gegen eines seiner Landschaftsgemälde erhalten.

Friedrich zeigt die beiden Wanderer gemeinsam auf einem steinigen, unebenen Pfad. In stiller Kontemplation beobachten sie das Naturschauspiel des Mondaufgangs. Sie verkörpern das romantische Gefühl der Sehnsucht und laden ein, sich mit ihrem nachdenklich in die Ferne schweifenden Blick zu identifizieren. Neben den beiden Figuren und der entlaubten Eiche ist die Mondsichel das zentrale Motiv des Gemäldes und gleichzeitig der kompositionelle Bildmittelpunkt. Mondscheinlandschaften wurden in der Romantik besonders geschätzt, um Sehnsüchte auszudrücken. Nächtliche Lichtstimmungen interessierten die Künstler*innen aber auch in malerischer Hinsicht. Das weiche Licht des Mondes vermittelt ein Gefühl von Schutz und Geborgenheit, gleichzeitig wirkt die Szene geheimnisvoll.

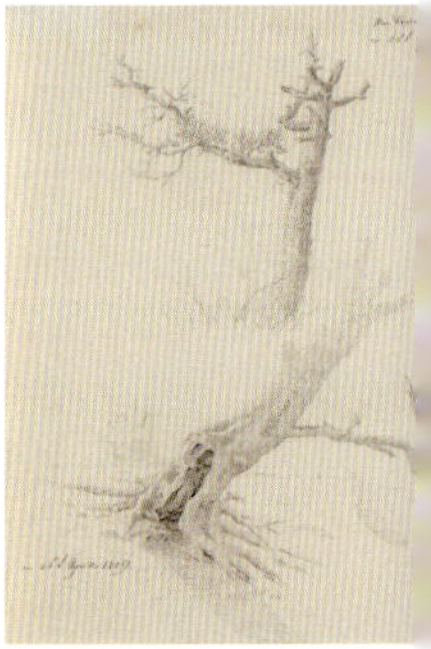

Caspar David Friedrich
Zwei Baumstudien · 1809 · Bleistift · 319 × 258 mm (Blatt) · Kupferstich-Kabinett, Inv.-Nr. C 1937-417

Eine Zeichnung mit zwei Baumstudien von 1809 diente Friedrich als Vorlage für die Ausführung der kahlen, entwurzelten Eiche, die sich auf dem Gemälde zur rechten Bildseite neigt. In der oberen Baumstudie sind die weitverzweigten Äste und ein wenig Laub sorgfältig ausgearbeitet. Hier widmete sich Friedrich der Struktur der Baumrinde. In der unteren

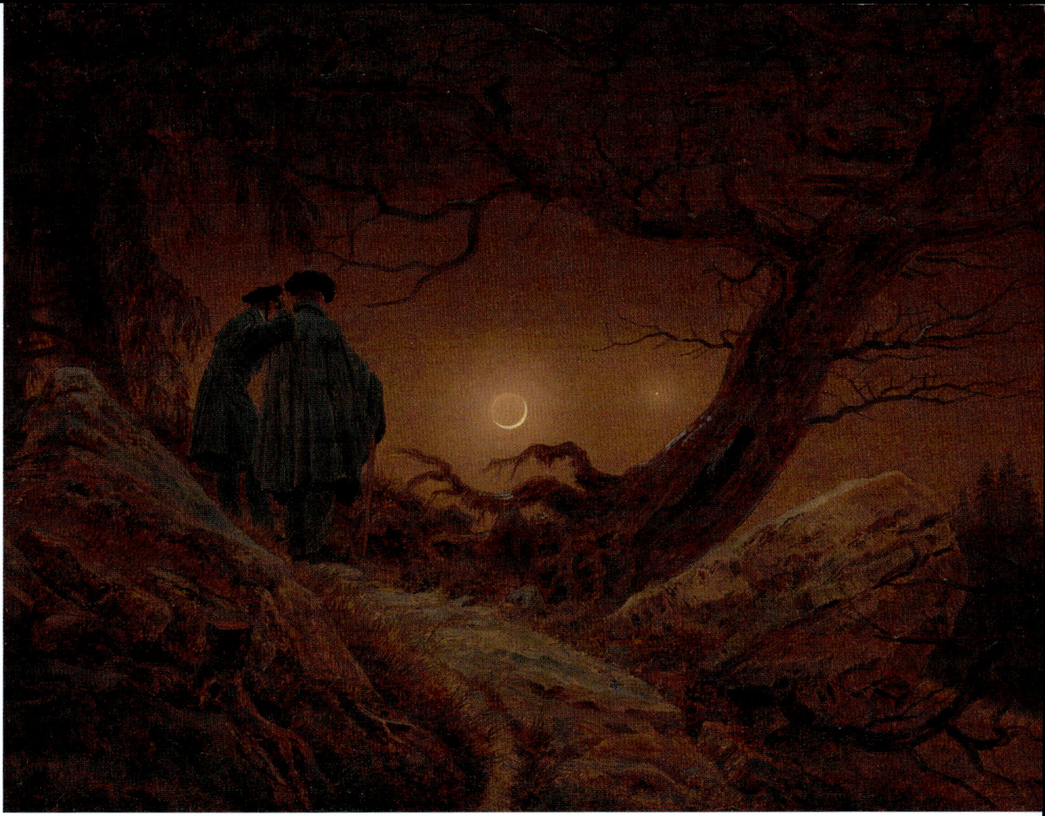

Caspar David Friedrich
Zwei Männer in Betrachtung des Mondes · 1819/20 · Öl auf Leinwand · 33 × 44,5 cm · Albertinum, Gal.-Nr. 2194

Studie konzentrierte er sich vor allem auf das Wurzelwerk und dessen räumlicher Erstreckung sowie den ausgehöhlten Stamm. Friedrich komponierte aus beiden Motiven die knorrige Eiche des Gemäldes. Hielt er sich in der Übernahme des Astes der oberen Zeichnung weitgehend an seine Vorlage, so paraphrasierte er den ausgehöhlten Stamm sichtlich frei. Mit diesem Baum erschuf Friedrich ein »bizarres Ornament«, das sich als wirres Muster aus gewundenen Zweigen und unheimlich gestisch schlingernden Wurzeln wie ein Symbol des Todes vor den Himmel stellt. Die alte Eiche wirkt zerbrechlich und entwurzelt, als würde sie gleich zu Füßen der beiden Figuren in den Abgrund stürzen.

Anlässlich des 250. Geburtstags Friedrichs widmen sich die Staatlichen Kunstsammlungen Dresden vor allem den Bezügen des Künstlers zu Orten in der Stadt und der Region sowie dessen künstlerischen und wissenschaftlichen Zugängen. In Dresden findet damit das Finale eines Zyklus von Fest-Beiträgen zu Ehren Friedrichs in Deutschland statt. Die Ausstellung wird parallel sowohl im Kupferstich-Kabinett als auch im Albertinum zu sehen sein. Im Kupferstich-Kabinett werden das Gemälde und die Vorstudie gezeigt. Wenn die Schau dort zu Ende geht, wird das Gemälde in die Ausstellung im Albertinum integriert. **Linda Alpermann**

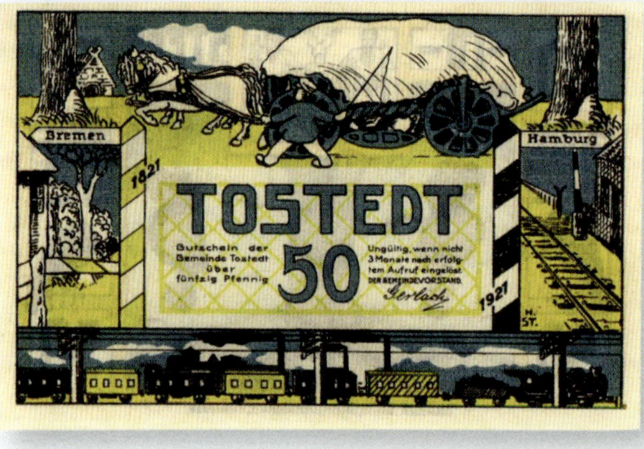

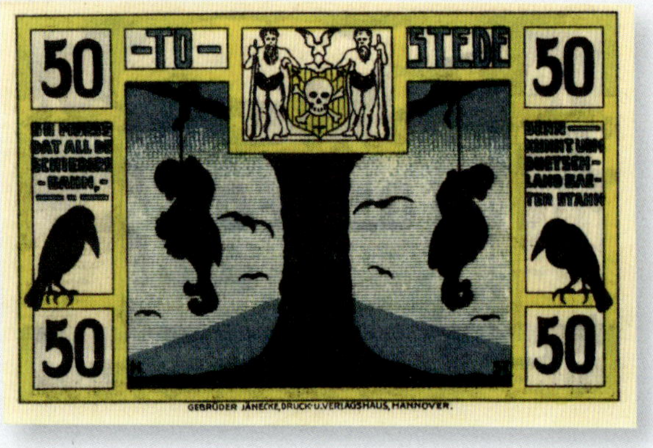

Numismatische Vortragsreihe

Gemeinde Tostedt
Gutschein über
50 Pfennig · 1921 ·
Papier · 90 × 60,5 mm ·
Münzkabinett,
Inv.-Nr. DS22952

Im Rahmen der vom Münzkabinett und vom Numismatischen Verein zu Dresden veranstalteten Vortragsreihe sprach am 24. Januar 2024 Sylvia Karges, Direktorin des Münzkabinetts der Staatlichen Kunstsammlungen Dresden, zum Thema »Forschungsübersicht: Antisemitische Stereotypisierungen auf Notgeld der Weimarer Republik«.

Nach einer Einführung in das Inflationsjahrzehnt zwischen 1914 und der Hyperinflation von 1923, der Notgeldherstellung dieser Jahre und ihren rechtlichen Grundlagen galt das Hauptaugenmerk der Referentin den sogenannten Serienscheinen. Diese wurden zunächst als Kleingeldersatz für die verschwindenden Münzen konzipiert und zwischen 1917 und 1922 von Städten, Gemeinden, Kommunen und Banken sowie von privaten Unternehmen, Vereinen und Organisationen ausgegeben. Auf ihren Vorderseiten finden sich zumeist Informationen über den Herausgeber, die Seriennummer, das Herausgabedatum und die Gültigkeit des Scheins.

Vor allem die Rückseiten der Serienscheine fallen durch ihre große Vielfalt an Motiven auf, die nach und nach eine größer werdende Sammlerschaft interessierte, sodass themenspezifische Zeitschriften herausgegeben wurden. Die Scheine präsentieren lokale Legenden und Mythen, wie zum Beispiel den Rattenfänger von Hameln oder Till Eulenspiegel, Ansichten von Städten, Rathäusern oder Kirchen. Bekannte Komponisten, Schriftsteller und Dichter, die ortsansässige Industrie etwa in Bitterfeld (Sachsen-Anhalt) oder die Thüringer Rostbratwurst werden thematisiert. Neben diesen mehr oder weniger unprätentiösen Darstellungen und Inhalten entdeckt man aber auch antisemitische Motive. Diese lassen sich durch Verkaufsstrategien einerseits und deutliche antisemitische Propaganda andererseits erklären. Für diese Forschungsübersicht griff Sylvia Karges einige der auf Notgeldscheinen auftretenden antisemitischen Stereotype heraus, um sie zu beschreiben und zu kontextualisieren. Gleichzeitig nutzte sie diese Beispiele, um dem Publikum die historischen Entwicklungslinien des Antisemitismus – vom religiösen über den sozialen und politischen bis hin zum rassistischen – aufzuzeigen.

Bislang konnte Sylvia Karges in öffentlichen und privaten Sammlungen sowie in der entsprechenden Literatur 30 Scheine mit auf stereotypen Merkmalen beruhenden visuellem Antisemitismus nachweisen: städtische Notgeldscheine aus Brakel und Beverungen in Nordrhein-Westfalen oder Tostedt in Niedersachsen, aber auch Ausgaben zu den Freiburger Passionsfestspielen oder von der Firma Kunstanstalt Merkur in Hamburg. Auch wenn die Gruppe der antisemitischen Notgeldscheine damit zahlenmäßig recht klein sei, bleibe zu bedenken, dass sie den Alltag der Menschen begleiteten – als Sammelobjekte oder Geld – und damit beeinflussten. Gerade die Beiläufigkeit dieser Scheine inmitten der Serienscheinschwemme vermittle schließlich eine »Normalität«. Ein Beispiel hierfür ist der Gutschein über 50 Pfennig der Gemeinde Tostedt. Auf der Rückseite befindet sich die Inschrift »SO MUESS DAT ALL DE SCHIEBERS GAHN – DENN KUNNT UEM DUETSCHLAND BAETER STAHN« (So muss das allen Schiebern gehn, dann könnt's um Deutschland besser stehn.)«. Zu sehen sind an einem Baum gehenkte Personen mit »jüdischer Physiognomie«. Das Motiv des sogenannten Kornjuden erscheint auf Medaillen bereits Ende des 17. Jahrhunderts und stereotypisiert jüdische Menschen als Wucherer. Das vorliegende Bild des am Baum erhängten »Kornjuden« und den den Tod symbolisierenden Raben zeichnet sich durch einen extremen antisemitischen Hetzcharakter aus. **Wilhelm Hollstein**

Drei Fragen an Lydia Friedrich

Museumsmitarbeiterin in der Puppentheatersammlung,
Staatliche Kunstsammlungen Dresden

Womit beschäftigen Sie sich in den SKD?
Seit über 20 Jahren arbeite ich in der Puppentheatersammlung und bin unter anderem für alle administrativen Belange zuständig. Unverzichtbar für mich ist die Arbeit mit der Datenbank Daphne. Sie bietet eine solide Grundlage für alle Tätigkeiten rund um die Sammlungsobjekte, ist logisch aufgebaut und ein hilfreiches Werkzeug, um sich den Bestand zu erschließen und mit wichtigen Daten zu vervollständigen. Von Beginn an werden darin durch mich Daten und Nachträge eingepflegt.

Große Freude bereitet mir die Objektfotografie, die Fotos erscheinen dann im Daphne-Medienarchiv und geben ein erstes Bild des Objektes. Durch diese Arbeit bekommt man nochmal einen sehr direkten Blick auf die Dinge und die Vielfalt unserer Sammlung wird mir so immer bewusster.

Momentan bestelle ich, im Zusammenspiel mit meinen Kolleginnen, Behältnisse aller Art. Ziel soll sein, unsere so unterschiedlichen Objekte optimal zu lagern, zugleich dienen sie auch als Verpackung für den Umzug. So haben zum Beispiel große Bühnenhintergründe, Hand- und Stabpuppen sowie Marionetten eine neue, säurefreie und stabile Aufbewahrung erhalten.

Was gefällt Ihnen an Ihrer Arbeit im Museum?
Mit einem Kollegium zu arbeiten, in welchem Zuverlässigkeit zählt und Freude an der Arbeit gelebt wird – nur so kann ganz viel gelingen. Dass es immer wieder neue Herausforderungen gibt und man in den meisten Fällen auch gemeinsam eine Lösung findet, motiviert mich. Ein respektvoller Umgang im Miteinander – für mich ein unbedingtes Muss.

Wenn uns Figuren oder Bühnen aus Nachlässen zur Schenkung oder zum Kauf angeboten werden und sie den Weg in die Puppentheatersammlung finden, ist man gespannt auf die Neuzugänge. Diesen Verlauf kann ich oft direkt begleiten. Viele Objekte sind mittlerweile auch durch meine Hände gegangen, sie wurden von mir inventarisiert, in die Daphne aufgenommen und fotografiert. Dies macht den großen Reiz meiner Arbeit aus und ist für mich eine interessante Abwechslung zur sonst vorwiegend am Schreibtisch stattfindenden Tätigkeit. Mal sind es Handpuppen, Tischfiguren oder Marionetten, ein anderes Mal kleine Bühnen oder Theatrum mundi-Objekte. Häufig gibt es Figuren, denen man das Spielen unzähliger Vorstellungen ansieht, die zum Teil starke Gebrauchsspuren aufweisen wie abgebrochene Ohren, Nasen oder Finger, aber gerade dadurch besonders verwegen wirken und schlussendlich das Foto die Geschichte des Objektes sichtbar macht. Anderen Figuren

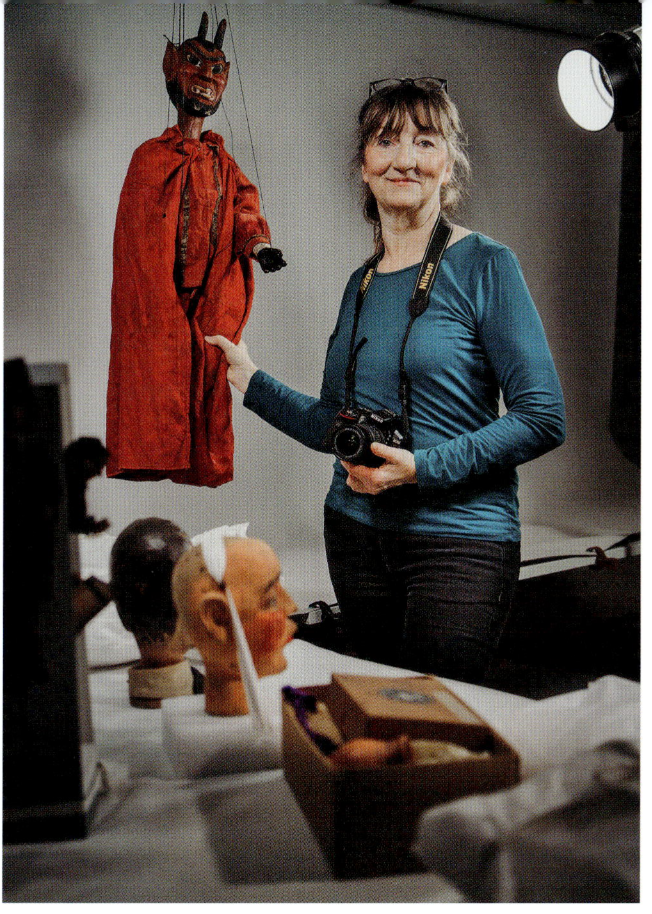

Lydia Friedrich beim Fotografieren von Objekten der Puppentheatersammlung · 2024

hingegen ist das aufregende Leben einer Spielfigur verwehrt worden, sie sehen verhältnismäßig neu aus. Der Aufnahme fehlt dann manchmal das gewisse Etwas.

Für mich war und ist es ein Privileg, in so besonderen Gebäuden zu arbeiten. Zunächst war mein Arbeitsort das Hohenhaus in Radebeul, eine hochherrschaftliche Villa – idyllisch neben einem Weinberg gelegen. Ende 2003 fand der Sammlungsumzug in die Garnisonkirche nach Dresden statt. Ein sehr ungewöhnlicher Ort für Büros, Depots, Werkstatt und Ausstellung.

2024 zieht die Puppentheatersammlung nun ins Kraftwerk Mitte. Ein technisches Denkmal, umgeben von weiteren Kultureinrichtungen. Auf diese neue, inspirierende Umgebung freue ich mich.

Der Gedanke an ein Leben nach der Arbeit ist für mich noch nicht präsent. Dennoch ist es auch mir ein ganz dringendes Anliegen, Erfahrungen und Wissen in die Hände der nächsten Generation zu legen, nicht nur projektbezogen, sondern langfristig.

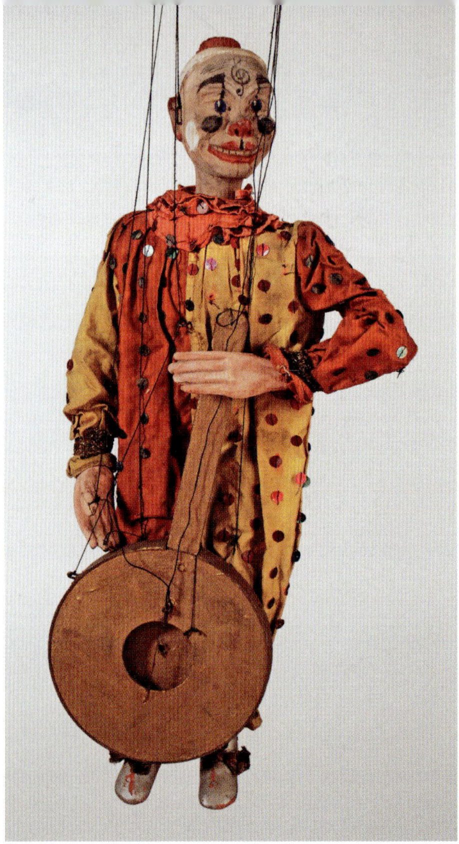

Heinrich Apel junior
Traditionelle Marionette »Clown mit Banjo« · 1920er Jahre · Holz · 65 × 38 × 15 cm · Puppentheatersammlung, Inv.-Nr. 18655

Mit welchem Stück der SKD verbinden Sie persönlich eine besondere Geschichte?

Marionetten, die je nach Größe und Funktion durch sehr viele Fäden bewegt werden, ringen mir großen Respekt ab. Erst nach eindringlichem Prüfen wird klar, welcher Faden für welche Aktion verantwortlich ist. Beim Fotografieren muss man Vorsicht walten lassen, damit die wohlsortierten Fäden nicht durcheinandergeraten. Gleichzeitig sollte die Figur eine bestimmte Position einnehmen, damit die Bühnenwirkung später vom Betrachter gut nachvollzogen werden kann. Durch Interaktion wird der Figur Leben eingehaucht und sie bekommt eine ganz eigene Ausdrucksweise. Faszinierend ist, wie besonders ausdrucksstark ganz fragile Objekte noch sein können oder gerade wegen ihrer Zerbrechlichkeit ein markantes Aussehen bekommen. Die Malschichten – oft vor allem im Gesicht einer Figur erkennbar – lassen die Lebensjahre einer Puppe erahnen. Stellvertretend für unzählige andere Marionetten ist der Clown von Heinrich Apel ein Beispiel dafür, mit wie viel Liebe zum Detail in der damaligen Zeit diese Figuren gefertigt wurden und wie ansprechend und zeitlos sie noch nach 100 Jahren auf die Menschen wirken.